X

ジェンダーって何?

日本における多様な性のあり方

Label X 編著

緑風出版

はじめに

皆さんは、X《エックス》ジェンダーという言葉をご存知でしょうか？

Xジェンダーとは、性自認[注1]を表す言葉の一種で、出生時に割り当てられた男性もしくは女性の性別のいずれかに二分された性の自覚を持たず、自己の性別に関し、男女どちらでもない、あるいは男女どちらでもある、さらにはそれすらもどちらでもないといった認識を自己の性に対してもっている人々のことを指す日本独自の呼称です。

本書のサブタイトルで「日本における」と銘打っているのは、Xジェンダーが日本独自の呼称であるということだけでなく、同じ性の違和感があっても、国際的な文化や風土によって、日本的な表現では世界中の性別違和を抱える人々にしっくりくるかどうか難しいと考えられることから、今後、世界でXジェンダーという呼称が浸透して使われるようになっても変わらないよう、あえて「日本における」という言葉を付加しました。

注1　性自認（Gender Identity＝ジェンダー・アイデンティティ）とは……性別の自己意識あるいは自己認知。自己の持つ肉体の性別に関わらず「私は男性／女性である」などの自己の性別に対する認識のこと。

本書は、Ｘジェンダーについて書かれた書籍です。

世間では、これまでにも性同一性障害、ＬＧＢＴＱＩＡ[注2]（以降ＬＧＢＴと表記）、トランスジェンダーに関する良書が、既に何冊も発行されています。

ですから、本書においては、性同一性障害でも、ＬＧＢＴでも、トランスジェンダーでもなく、Ｘジェンダーについてのみ、可能な限り徹底的に掘り下げていこうと試みています。

本書は、恐らく現時点（二〇一六年）で、Ｘジェンダーという比較的新しい性自認の概念について取り上げた、数少ない書籍のひとつかと思います。

そのため、性自認や性指向について、他の書籍で既出の内容については、極力、紙面を割《さ》かないようにし、そのぶんＸジェンダーについての考察を多く取り入れることに専念しました。

もちろん、Ｘジェンダーを語るうえで、性同一性障害やＬＧＢＴ、トランスジェンダー、さらにはジェンダー論全般に至るまで、まったく無関係なものとして素通りするわけにはいきませんが、それらまで広く扱ってしまうと、とてもこの一冊では収まりきらず、Ｘジェンダーというもっとも伝えたいテーマまであやふやになり、結果、中途半端な内容に終わってしまいかねません。

従いまして、それらは第五章の中で関係性について取り上げる程度におさめ、その他にどうしても触れなければ話が進まない場合のみ、最低限の記述にとどめていますので、さらに詳しくお知りになりたいみなさんは、巻末の引用文献や参考図書を改めてお読みいただければ、と思います。

また、本書に登場する専門用語につきましては、新しくページに登場したものには、その都度、できるだけ注釈をつけ、各見開きページのうしろで簡潔に解説していますので、そちらも参考にしてください。

本書は、Xジェンダー当事者はもちろん、今はまだ自分の性別についてよく判らないがXジェンダーである可能性も視野に入れて自問自答している人、Xジェンダー当事者からカミングアウトされたご家族やご友人ならびに学校関係者や企業の皆様、そして、Xジェンダーという存在にはまったく縁がなくインターネットや本書を手にとって初めて知った人など、様々な立場の人々に向けて書かれています。

ですから、Xジェンダーに関しては全般的に知識のない初心者向けを意識し、判りやすく読みやすいように噛み砕いて紹介していますが、有識者や専門家による執筆には一部に限り、やや難しい内容も含まれています。

しかし、本書はあくまでXジェンダーにのみ深く言及した書籍のため、本書で初めて性自認に関する書籍を手にとられ、Xジェンダー以外の性自認や同性愛などの性指向について、いろいろと幅広く知りたいみなさんには、物足りなく不向きかも知れません。

まずは、その点だけ、ご理解いただきたく思います。

注2　ＬＧＢＴＱＩＡとは……レズビアン（Lesbian,女性同性愛者）、ゲイ（Gay,男性同性愛者）、バイセクシュアル（Bisexual,両性愛者）、トランスジェンダー（Transgender,性別越境者）、クエスチョニング（Questioning,性指向や性自認を模索する人）、インターセックス（Intersex,半陰陽）、アセクシュアル／アロマンティック（Asexual/Aromantic,無性愛者）の各頭文字をとって、性指向や性自認が少数派の中でも代表的な人々を表した言葉。または、そのような代表的な人々のこと。Qを「クィア（Queer）」とする説もあるが、クィアという用語自体が、現在では、セクシュアル・マイノリティの人々全てを包括する言葉として用いられているので、ＬＧＢＴ＝クィアともいえる。※各用語の詳細は後述。

さて、本書を読み進めていただく前に、あらかじめご了承をお願いしたいことが幾つかあります。

一、文中に何度も性同一性障害[注3]という疾患名が登場しますが、性同一性障害という疾患名は、二〇一五年にアメリカの精神疾患の分類と手引きである「精神障害の診断と統計マニュアル　第五版（DSM‐5）」において「Gender Identity Disorder」が「Gender Dysphoria」に変更され、現在は訳語が「性別違和」という疾患名になっています。ただし、現時点の日本では、まだまだ性同一性障害という疾患名が広く認知されていますので本書でも引き続き、その疾患名で表記しています。

二、ここで指す性同一性障害の当事者とは、DSM‐4以前の診断基準に則った「反対の性に対する強い帰属感を持つ当事者」のことを指しており、何らかの理由で「性同一性障害」の診断が降りていても当人がXジェンダーであると自認している人は除きます。[注4]

三、現時点では、Xジェンダーという性自認に対し、疾患としての取扱いはありません。従いまして、Xジェンダーは精神疾患ではありませんし、詐病《さびょう》という概念も当てはまりません。ただし、先ほど延べたDSM‐5からは「反対の性に対する強い帰属感」がなくとも「自身に強い性別違和感が生じていて社会生活が困難な場合」には、「性別違和」という診断も認められるようになるなど、公的な医療機関にかかり、かつ本人が希望すれば、Xジェンダー（この場合は、医療機関で性別違和という疾患を認められたXジェンダー）であっても、何らかの治療の道が開けるようになってきました。[注5]

四、本書の本題は、あくまで「男女いずれかの二極化された性自認を持たない人々」がテーマです。そのため、性分化疾患などで生物学的に男女という二極化された体の特徴を持たない人々についても、その性自認が男女どちらかに定まっている場合はXジェンダーに含めません。

五、これまで日本ではLGBTやGIDなどの「性指向と性自認に対して少数派の人々」に対して、その代名詞として「セクシュアル・マイノリティ」という言葉を用いてきましたが、近年、諸外国でセクシュアル・マイノリティという言葉に、小児性愛（ペドフィリア）や、屍体愛好（ネクロフィリア）、あるいはその他の性的倒錯など、一部の特殊な性癖や性的嗜好をもつ人々も含まれるのではないかというLGBTやGIDの当事者たちの懸念により、世界的に使用を控える傾向が強まっているようです。

そのため、本書ではこの点につきまして、その流れを尊重し、LGBTやGID、Xジェンダ

注3　性同一性障害（Gender Identity Disorder〔以下「GID」と略〕＝ジェンダー・アイデンティティ・ディスオーダー）とは……生物学的性別「体の性別（Sex）」と性別に対する自己意識あるいは自己認知「心の性別（Gender Identity）」が一致しない状態のこと。

注4　これは「DSM‐4以前であれば、Xジェンダーの性自認は性同一性障害の診断基準に沿わない」という建前を反映しているもので、身体的治療を望むために「性同一性障害」の診断を得たXジェンダー当事者への否定ではありません。

注5　日本の性別違和に関する診断や治療は、主に「性同一性障害に関する診断と治療のガイドライン（第四版）」に沿って行われているため、DSM‐5が改訂されたからといって、日本国内では必ずしもXジェンダーが性別違和という疾患名で治療が受けられるわけではありません。

ーを総称する表現については、近年、セクシュアル・マイノリティに代わる名称として徐々に当事者の間で提唱され始めてきたＳＯＧＩ《ソギ》（Sexual Orientation and Gender Identity）[注6]を使用させていただくことにしました。

セクシュアル・マイノリティという用語が、ＬＧＢＴやＧＩＤなどの性指向と性自認に対して少数派の人々を指す代名詞として広く認識されていることから、耳慣れない人も多いこの用語を使うことに違和感がある人もいるとは思いますが、本書では余計な誤解を極力避ける意図としてそのような対策を施すことにいたしました。

ただし、本書で掲載している執筆者の原稿については、その用語の使用は、執筆者各々の判断に任せています。

本書の執筆・編集にあたっては、事前にＸジェンダー当事者のみなさんに対し、無作為でウェブアンケート調査を行っており、そちらを元に集計したデータを随所で使用しております。

その他、取材やインタビュー、あるいは意見収集など、主にインターネットを通じて全国のＸジェンダーに幅広く呼びかけ、当事者の実態に少しでも近づけるよう努めました。

まずは本書でＸジェンダーという存在を知っていただき、本書を〝Ｘジェンダーに関する入門書〟として広く活用していただければ光栄です。

注6　ＳＯＧＩ（Sexual Orientation and Gender Identity）とは……性指向や性自認に対して少数派の人々を指す用語。

Xジェンダーって何?――日本における多様な性のあり方――目次

第一章　Xジェンダーの性自認

諸外国では、日本のXジェンダーに相当するであろう呼称が数多く存在し、その多様性を顕著に際立たせています。

二〇一四年二月、アメリカのフェイスブックでは、ユーザーの性別欄を全部で五六種類もの選択肢から自由に選べるようになりました。

これらの流れをみても、男女二元論に基づいた性別のあり方という考えは、少しずつ、しかし確実に失われつつあり、世の中では、近い将来に、性の多様性について、さらに幅広い対応を求められる時代が訪れるのは、もはや時間の問題のようです。

しかし、日本では、まだそれほど多くの性が自由に選べるほど、多様な選択肢が存在しているとは言い難い部分もあります。

また、呼称についても、諸外国では日本のXジェンダーに相当する呼び方が多数存在するにも関わらず、日本では未だにXジェンダーと同じくらい当事者に支持されている言葉はありません。Xジェンダーという表現が当事者に広く周知されるまでは「ジェンダー・ブレンダー（gender blender, 性別を混合する人）」や「ジェンダー・ベンダー（gender bender, 性別をねじ曲げる人）」など、いくつかのXジェンダーに類似するような言葉もネットや書籍では早くから散見されたものの、いずれもXジェンダーという表現ほど日本では浸透していないことからも、日本では当事者がそれぞれ複数の呼び方を個人で自由に使い分けたり、個人が独自で言葉を作り出してそれを広めたりといった習慣が根付きにくい背景があります。そこには「多様な性の呼称でさえ、みんなが気に入った一つの呼び名を好んで一緒に使う」という「少数派の中にいてもなお、みんなと同じであることに安心する」日本人独特の民族性がうかがえるように思います。

ここでのXジェンダーという定義は、「心と体の性別が一致せず、かつ、男女どちらか片方のみに属した性自認を持たない人」ということになります。

重要なのは「心と体の性別が一致しない」だけでなく、「男女どちらか片方のみに属した性自認を持たない人」という点です。ですから、性同一性障害で、心と体の性別は異なっていても、男女どちらか片方の性に強い帰属感を持つ当事者は、Xジェンダーには当てはまりません。

Xジェンダーには、男女以外のすべての性自認を包括するような「第三の性」という意味で使われることもよくありますが、厳密には性自認そのものを持たない人や、性自認を特定できず迷っている人などもおり、それらの人々をXジェンダーと一括《くく》りにするかどうかは、各々の見解や判断によって異なるところかと思います。

もともと、XジェンダーのXが「未知なるもの」を表す文字で、数学の未知数を表すXをはじめ、ミスターXという呼称などは、正体不明な人物に対して仮の名としても用いられています。

それらをもとに「未知なる性」という意味で、Xジェンダーと呼ぶようになったことがXジェンダーという語源のはじまりであろうと言われています。

では、このXジェンダーが、いつ頃から日本に登場してきたのか、ということについては、このあとに掲載しているデール氏のページで詳しく書かれています。

生まれた時から、心と体の性別が一致している人々をシスジェンダー[注1]と呼びますが、このシスジェンダーの人々から「心の性というものが理解できない」という言葉をたびたび耳にします。

これについては、一九六四年にアメリカ性情報・教育評議会を設立した医師のカルデローン（Calderone, Mary S. 一九〇四〜九八）とL・A・カーケンダール（Kirkendall, Lester A. 一九〇四〜九一）が、このような比喩で述べたとされています。

〝セックスとは両足の間（下半身）にあるものだが、セクシュアリティとは両耳の間（大脳）にあるものだ〟

それと同様のことが、二〇一〇年十二月に大阪府立大で開かれたシンポジウムで、性分化疾患の研究で知られるハワイ大学医学部のミルトン・ダイアモンド教授からも、このように語られたとされています。

〝性別を決めるのは、両足の間にあるものではなく、耳と耳の間にあるものです〟

これらの話から「心の性」とは「脳で感じる自己の性別のこと」である、と言えるでしょう。

ここで注目していただきたいのは、本書の性自認の解釈は「感じる」という感覚表現で定義している点です。

「頭の中で考えや思いを巡らせる」のではなく「感覚として捉える」ことが性自認の本質でもあります。

いわゆる「自分の性別をそのように実感できているかどうか」です。

「頭では自分の体の性別を認識している。しかし、感覚ではそのように捉えることができない」という状態が性別違和です。

つまり、現実見当識（自分の体の性別は何であるか）は正しくあり、思考でどんなに「そうだ」と信じようとしても、感覚としての実感が伴わなければ、それは「その状態である」とはいえません。

そのため、思考だけで自分が男性か女性か、あるいはそれ以外かを幾ら考えてもなかなか答えは出ないのです。

そして、そのように思考だけで答えを導き出そうとしてしまうと間違った回答を誘発してしまう恐れもあります。

なぜなら、そこには無意識に自分の願望や誤認も入り込んでしまっている可能性があるからです。

そのために「思考」ではなく「感覚」で判断するということが、自己の心の性を決定づけるひとつの有効な手段となるでしょう。

これについては、二〇一四年八月二十八日、岩崎学術出版社の第一刷発行『セクシュアル・マイノリティへの心理的支援』の第十五章の中で、「ジェンダーアイデンティティおよびアイデンティティの確立」について、はりまメンタルクリニックの針間克己院長が次のように述べています。

注1　シスジェンダー（Cisgender）とは……生まれた時に診断された身体的性別と自分の性自認が一致し、それに従って生きる人のことをさす［「シスジェンダー」『フリー百科事典　ウィキペディア日本語版』(http://ja.wikipedia.org/) 二〇一三年十月三十日（水）20：45 UTC］。

〝筆者は３つの観点からアイデンティティを扱うようにしている。「時間的連続性」「フィット感」「自分の座標を知る」である〟

〝「こうなりたい」と頭の中で思うのと、実際にしてみるのでも違いがある〟

この中で述べられている「フィット感」が、本書でいう感覚、あるいは実感というものに近いのではないかと考えています。

つまり、ジェンダー・アイデンティティを確立するうえで、もっとも大事なのは「いずれの性自認でいることが、一番自然な自分を感じられるか」という一語に尽きるのではないでしょうか。

そのうえで、今一度、皆さんとともに自分の性自認についてしっかり向き合いながら、一緒にＸジェンダーの性自認を考えていきましょう。

1　Ｘジェンダーとは何か――性自認はどのようにして決まるか

心と身体の性が一致し、男女どちらかの明確な性自認をもったシスジェンダーの人々であっても「なぜ自分を男性／女性と思うのか」という問いには、しっかりとした根拠のある答えを出せる人はそう多くありません。

ほとんどいないと言っても過言ではないでしょう。

その証拠に、シスジェンダーの人々に「あなたはなぜ、ご自身を男性／女性と思うのですか？」と尋ねてみれば、答えは明白です。

「異性が好きだから」「子どもの頃から〝怪獣や電車〟あるいは〝人形や可愛いもの〟が好きだったから」と答える方も珍しくありません。

ですが、それらは実は「自分は男性／女性である」という性自認をもっている理由にはならないのです。

なぜなら、シスジェンダーでも同性が好きな人（同性愛者）もいれば、料理や甘いものが好きな男性もいますし、FIFA女子ワールドカップの日本代表〝なでしこジャパン〟をみても分かるように、サッカーや野球が好きな活動的な女性も大勢います。

それらも今からほんの百年ほど前の日本であれば、きっと「男のくせに」「女のくせに」と言われかねなかったことでしょう。

もともとそういったものは性自認とは何ら関係なく「穏やか」「短気」「大人しい」「陽気」など、その人個人の「性格」や「性質」と同様のものなのです。

ですが、このような個人の「性格」や「性質」を性自認そのものと結びつけて誤った解釈をしてしまう人が今も当然のようにいます。

つまり、シスジェンダーの人々であろうと、性別違和を抱える人々であろうと「なぜ、自分の性別をそのように認識するのか」という明確な答えを誰も、ほとんど持ち合わせていないにも関わらず、シスジェンダーの人々は、それについて特に深く考えることなく、単純に自分の体の性別だけで自分の性別を判断しているために「心の性」というものが何かを分からずにいるのです。

もし、シスジェンダーの女性が病気で子宮や卵巣を失ったら、あるいはシスジェンダーの男性が事故で睾丸や陰茎を失ったら、その人々の性自認は揺らいだり変わったりするのでしょうか？

そうでないことは、みなさんも明らかだと思います。

つまり、少なくとも生まれたときに備わった生殖器が性自認を裏づけたり、決定したりしているわけではない、ということがいえるかと思います。

「性自認」とは、自分の思考や願望や理屈とは無関係に、自分がどのように抗おうと感覚や認識が否応なしに自然とそのようになってしまうものであり、何らかのきっかけで身体の生殖器を失ってしまっても、性自認自体には影響せず、自分の意思で変えることもできないといった性質のものです。

それと同じように、Xジェンダーの人々を含めた性別違和を抱える人々もまた、自分の意思で性自認を変えることは不可能なのです。

しかし、自らをXジェンダーであると断定する前に、Xジェンダー当事者も自分の性自認の違和感が「思考」か「感覚」かの違いを冷静に自分自身へ問いかけることは重要です。

「男性／女性らしさを押し付けられたくない」という不満が、果たして「性自認」によるものか、あるいは単なる「他者からの強制に対する反発」なのか、そこを見極める必要はあるでしょう。

また、一部の事実をもとにして評価されたレッテルを貼られることで、自分でもそのように暗示される特性を持つタイプになりきってしまうラベリングという効果があります。自分自身にそれを行うことを自己暗示ともいいます。

そして、それが日常的かつ継続的に行われることで、実際にそのような結果が現れたりします。

例えば、幼い頃から活発でお転婆な女の子が男の子とばかり遊んでいると、周囲から「まるで男の子みたいだね」と言われることがあります。

それを何度も繰り返し周囲から言われたり、次第に親にまで「間違って女の子に生まれてしまったのだ」というような声掛けをされたりすると、だんだんと自分も「女ではないような気になっていく」という一種の刷り込みのような状態になることもあります。

そうして「自分はＦｔＭ／Ｘかも知れない」と考え、周囲にそのようにカミングアウトすると、周囲も「そう言えば小さい頃からお転婆で男の子とばかり遊んでいたよね」と思い当たる記憶に当てはめ、さらに証拠として積み上げていくのです。

これは、周囲のラベリングにより、自分自身も「幼い頃に男の子とばかり遊んでいた」という事実を「自分の性自認が男だからだ」という結論にダイレクトに結びつけたもので「自分の身体が男だから性自認も男なのだ」とする考え方に似ています。

しかし、生殖器を失っても性自認が変わらないのと同じように、性自認を自覚することに対して、本来は、物理的あるいは、過去の記憶や生育過程の事実など、何かの理由付けは必ずしも必要ないのです。

逆を言えば、女の子としか遊んでいなくても、甘いお菓子が好きでも、可愛い雑貨を集めていても、本人が「自分には男性としての性自認が存在する」と感じられるのであれば、そこで誰かが疑う余地などありません。

二〇〇一年八月二十五日に、二〇〇一年度（平成十三年度）「大阪府男女共同参画社会、大阪府ジャンプ活動助成対象事業（身体から性を再考する実行委員会／主催）」のシンポジウム「身体から性を再考する〜性の多様性と自己決定〜」が開催されました。その記念講演の中でミルトン・ダイアモンド教授は、性自認がどのように形成されていくかについて「ジェンダーアイデンティティ（性自認）の発達には二つのケースがある」と、次のように述べています。

〝Aは生まれたばかりの子どもの性自認は中立で、生まれたあとに社会的な影響を受けて分化していくという考え方〟

〝Bは受精の段階から遺伝的なバイアスが加わり胎児はすでに、性指向、性自認、生殖機能がどちらかの性に分化して誕生する。そして誕生したあと、社会の性文化の影響を受けて、最終的に成人の性行動が決定されるという考え方〟

「われわれは、どのようにして性自認を獲得するのか」という疑問に対し、ミルトン・ダイアモンド教授の考えによると「それぞれの子どもたちは、ほかの子どもたちの行動を自分と比較して相違点を測っている」として「典型的な男女であっても、それぞれの人間の行動は、ほかの人間たちの行動を自分と比較して相違点を測っている。

そうして人間はジェンダーパターンを獲得し、自分を男である、女である、トランスジェンダーである、トランスセクシュアルである、そしてインターセックスであると自認するのだ」ということです。

性の違和感というものは、器質的な問題と異なり、明らかな病巣や病理が存在し、それを目視できたり、痛みや痒みといった誰にでも経験があったりするものではないため、言葉での説明が難しく伝わりにくいことも非常に厄介な点です。

そして、その性自認にも一人ひとり微妙に違いがあり、それぞれに「個体差」や「変則的な側面」もみられます。

そういった性自認の個々の差異まで本書でカバーすることは現実的ではありませんので、本書で取り上げるのは、そういった個体差を考慮しつつも、あくまで基本は「男女という規定の概念を持たない人々」について「自分自身の性別をどのように感じているか」という観点からXジェンダーという存在を探究していこうというものです。

ですから、ここで先に結論を申し上げると「これがXジェンダーだ」という典型的な人物像やステレオタイプ[注2]のようなモデルケースは一切ありません。

注2　ステレオタイプ（Stereo type）とは……判で押したように多くの人に浸透している先入観、思い込み、認識固定観念やレッテル、偏見、差別などの類型、紋切型の観念のこと［「ステレオタイプ」『フリー百科事典、ウィキペディア日本語版』（https://ja.wikipedia.org）二〇一六年一月二十四日（日）02:54 UTC］。

Ｘジェンダーに共通してあるのは、
生まれたときに割り当てられた性別とは違った性自認をもつ
ただし、それは明確な反対の性別の自覚があったり、決めかねて迷っていたりするものではない
という二点であって、それ以上でもそれ以下でもありません。

2　Ｘジェンダーのアイデンティティの獲得

性別違和を抱える当事者は、自分の変調に早くから気づく人もいれば、当初は気になりながらも思い過ごしとして考えないように努めたり、あるいは同性愛といった性指向と誤認したりして過ごすケースも見られます。

ＤＳＭ-５では、性別違和の発症について「早発性」と「晩発性」の二つに大きく分けられるとあります。

それぞれの特徴を次に抜粋していきますが、この特徴については、専門家でも一部で疑問視する声があるようです。

【早発性性別違和】

（出生時が男性の場合）
・早発性性別違和は、小児期に始まる。
・青年期、成人期まで継続的に続く場合もあれば、一時的な性別違和の中断を経たあと、性別違和の再開とともに自分を同性愛者（ゲイ）と認識する場合もある。
・ほとんどが男性に性的魅力を感じる傾向にある。
・晩発性よりも若い年齢でホルモン治療や性別適合手術などの治療を求める。
（出生時が女性の場合）
・一般的には早発性が主流である。
・出生時が男性（Ｍｔ～）と同様に、性別違和が中断する時期があり、自分を同性愛者（レズビアン）と認識することもあるが、性別違和の再開とともにホルモン治療や性別適合手術への願望をもち医学的診察を求める。
・ほとんどが女性に性的魅力を感じる傾向にある。

【晩発性性別違和】
（出生時が男性の場合）
・晩発性性別違和は、思春期または、生涯のもっと遅くに始まる。
・幼少時から別の性別になりたかったと述べる人や、幼少期の性別違和の徴候を思いだせない人もいる。

・性的興奮を伴う異性装行動にしばしば没頭する。
・大部分の当事者が、シスジェンダー女性、もしくは同じ晩発性性別違和をもつ性別移行をしたMt～に性的魅力を感じる。
・かなりの割合でシスジェンダー女性と同棲または結婚する。
・多くの当事者が、性別移行をした後に自己をレズビアン女性だと認識する。
・性別違和の程度にばらつきが大きく、性別適合手術に関しては、より両価的[注3]であり、手術後の満足度も低い傾向にある。

（出生時が女性の場合）
・出生時が男性（Mt～）に比べ、遅発性は少ない。
・たいていの当事者が男性に魅かれ、性別移行をした後に自己をゲイ男性だと認識する。
・性的興奮を伴う異性装行動が起こることはない。

先に行ったXジェンダーのアンケート調査結果で「性別の違和を最初に感じた時期は？」の回答に、約八割が二十歳以下と答えており、その中でも十二歳以下は約半数（全体の四割）と、かなりの数を占めており、昨今の傾向として性別違和を訴える当事者の若年齢化は数字からも顕著になってきているようです。

さらに「性別違和を感じたときに思ったことや感じたことは？」という設問で、様々な回答が得られていますが、言い回しは多少違っても、幾つかの感情や思考には、それぞれ複数人が当てはまっているという傾向がみられました。

それら類似する複数人の回答があった代表的なものをご紹介したいと思います。


まず、自分が出生時の性別で扱われることに疑問を抱くタイプ。

「女の子として扱われることを不思議に感じていた。かと言って自分の性はこれだという確信は特になかった」

「性別を意識して来なかったが、周りには女性と思われているのかと不思議に思った」

「親や先生に注意されるたびに、女の子らしくなんて出来ないんだけどな、と不思議な気持ちだった」


次に、自分が他者と比べて変わっているだけだと思うタイプ。

「自分は少し変わっているかもと思った」

「自分は変わっているか、あるいは精神が未成熟で、社会に適応できていないのだろうと思った」

「今まで自分がちょっと変わっていると思っていたので何もおかしいことじゃないんだと思った」

「元々かっこいいものが好きだったけど、こんなに強く思うのは私が変だからだと思っていた」


そして、一過性のものだと解釈するタイプ。

注3　両価的とは……アンビバレンス（Anbivalense）ともいう。ある対象に対して、愛と憎しみのように相反する感情を同時に持ったり、自己受容と自己変革のように相反する態度を同時に示すこと。

「割り当てられた性別に違和感を持つのは、誰でも経験する当たり前のことだと思っていた。他の人は何らかの方法で克服できたけど、自分だけはまだ克服できていない、と思っていた」

「女子高だったので、きっと思春期にありがちなことで、大人になって社会に出れば元に戻ると思った」

「自分はまだ子供で精神が未熟だから理解が追い付いていないだけで、歳を重ねて大人になれば自然と身体の性別に納得出来て女性らしくなれるだろうと思っていた」


他には、自分の肉体に嫌悪感をもつタイプもいました。

「第二次性徴で声が低くなること、身体が男性的になっていくことに対しての嫌悪感があった。自分の身体が嫌で自傷行為を行った。どうしてこんな身体なのだろうと絶望した」

「とにかく二次性徴の起きるのが嫌だった。この嫌悪感は多くの人が体験することなんだと思おうとした」

「女の身体に違和感を覚え、心地の悪い、妙な感じでした」


こうして自分と他者との社会的な性別の差異や、自分自身の肉体の成長などがきっかけで性別違和を感じた当事者が、その後どのような葛藤や心理的変化を経て自分がXジェンダーであるという核心に辿り着いたのでしょうか。

それについては、後述するカテゴリの各項で「なぜ自分を（そのカテゴリに該当する）Xジェンダーだと思うのか」という当事者の回答を併記していますので、そちらをご参照ください。

3　Xジェンダーのカテゴリとその特性

ここでいう「性自認」とは「自分をどのような性別であると認識しているか」ということです。

Xジェンダーは、自分の性別を「男でも女でもない、あるいは男でも女でもある、あるいはその間で揺れている（※迷っているのとは異なる）」などと認識している人々のことですが「男でも女でもない人」「男でも女でもある人」などの特性によって、さらにどのような違いがあるのかを探っていきたいと思います。

ここでは日本でXジェンダーと呼ばれている当事者に焦点を絞っているため、日本におけるXジェンダーのカテゴリを取り上げます。

それらは、大まかに分けて五つのカテゴリがあるようです。

その五つとは、中性・両性・無性・不定性・その他です。

しかし、性の多様性を考えますと、その五つの分類の仕方が必ずしも正しいとは言えませんし、その五つのどれにも当てはまらないXジェンダーがいても、それは何ら不思議でもありません。

ですから、その分類に当てはまらないからといって、決して自分がXジェンダーからも疎外されているかのように落ち込んだり、憤ったりする必要はありません。

あくまで現時点で、一般的に知られているもののいくつかを、代表的な例としてご紹介していくに過ぎません。

そして、Xジェンダーには、これと決まった定義や規定が存在するわけでもありませんので、近い将来、さらに日本でも新しいカテゴリが出現してくる可能性も十分にあります。

このカテゴリ分けについては、しばしば不快感を示す当事者が存在します。これについては、『多様な「性」がわかる本』二〇〇二年十二月一日第二刷発行の中の一七六頁で伊藤悟氏が次のように述べています。

〝いつかは使わなくなるのが理想だとしても、社会に認知させていくためには、いったんは、あるラベリング（レズビアンやゲイなど）を引き受けて、自分が何者であるかを表現する言葉をもって、訴えていかざるを得ません。〟

確かに人の数だけ性別があるという多様性を知ってもらうことも必要ですが、まずはそこに到達するまでに「Xジェンダーというのはどういう人々を指すのか」はもちろんのこと、「その中にはどのような特性を持つ人々がいるのか」「それはXジェンダー全員がそうなのか、違うのか」「他にはどういった人々がいるのか」ということまで、当事者自身がしっかりと言えなくては、社会にXジェンダーの存在を知ってもらうことが困難になってしまうことは言うまでもありません。

そのためには、やはり「自分は何者であるか」を表現する言葉は不可欠であり、そしてそれがどういった状態のものを指すのか、という特性まで表現できる言葉があったほうが、より具体的に伝えやすくなります。

一般社会で性自認や性指向について何の知識もない人々にとっては「性の多様性」と一口に言われても、その多様性自体がそもそもどれくらいの数存在するのかさえ想像がつきませんので、わかりやすく伝えていくためにも、ある程度、細分化して複数のカテゴリを提示したほうがより「多様性」がイメージしやすいのも確かです。

カテゴリ分けすることで「この人は中性だからこうなんだ」と相手のカテゴリをきいただけで、その人のことを知ったような気分になってしまう人がいることを心配する当事者もいますが、この五つのカテゴリは、よくXジェンダーの間で見かける大雑把に分けた際の分類ですので、Xジェンダー一人ひとりが、それぞれ感じている性自認の個体差は含めていませんし、言うまでもなく、Xジェンダー全ての人々の細かい特性までは網羅していません。従って同じカテゴリであっても、それぞれの個人がすべて同じ特性を持っているわけではありません。

また、先ほども触れたように、Xジェンダーの当事者に限らず、人というのは、誰しも自らのアイデンティティを他人から強制されたり、勝手に決めつけたりされたくない、という自然な感情があります。

ですから、これから語ろうとするカテゴリにおいても〝Xジェンダーの人々を、無理やり規定の枠に当てはめよう〟という意図はまったくありません。

Xジェンダーと一口に言っても、あまりに曖昧で漠然とした大きなかたまりのままであると、理解しようとする側であるXジェンダー以外の人々にとっては、その多様性の複雑さを容易に理解したり受け入れたりすることは難しいと言えます。

そのため、今回はXジェンダーのそれぞれの傾向にそって、もう少し特徴を知っていただいて、その幅広い性自認の一端を知る手がかりにしていただこうというのが、このカテゴリについて語る一番の目的です。

また、そのほかの理由として、ご自身をなんとなくXジェンダーではないかと感じつつも、まだ迷っている人にとっては、Xジェンダーというあまりに広い概念では、今ひとつ本当に自分はXジェンダーなのかという確信を持てず、その入り口で戸惑っているかもしれません。

そのような人には、少し踏み込んだそれぞれの傾向を知ることで、さらに自分自身の性自認を判断する材料にもなるでしょう。

そして、すでにXジェンダーとして性自認を確立されている人には、このカテゴリを知ることで、同じカテゴリでも枝分かれした特徴が含まれていることにも注目していただきたいと思います。

つまり、Xジェンダーをカテゴリ分けすることに少なからず抵抗感を抱いている当事者の人々にも、ご自身がどのカテゴリに属するかという主観的な判断は一旦置いておいて、客観的にXジェンダーの傾向というものについて、どういったものがそれぞれ特徴づけられているのかという視点から、ご自身以外のXジェンダーのあり方にも触れてみていただければ、と思います。そうすることで、これまでご自身が感じていた性への違和感とは全く違うタイプのXジェンダーの特徴も発見でき、ご自身以外のXジェンダーを理解することにも役立てていただけるのではないかと見込んでいます。

本書で各カテゴリの個々の傾向を示す根拠となっているものは、これまで概《おおむ》ねXジェンダー当事者の間で認知されている概念と、本書独自で調査したデータをもとに、各Xジェンダー当事者が自分自身をそれぞれのカテゴリに当てはまると認識していることを前提に、当事者本人などから聞き取りをして、そのカテゴリの特徴を捉えています。

データのもとになっているものは、二〇一五年七月十九日から八月二十日までの約一カ月間に全国のXジェンダーへ無作為に依頼したネットアンケート調査の結果です。

有効回答数は一三三名（MtX四十名、FtX九十三名）、設問数五十七問、回答方式は多肢選択式（単一回答法と複数回答法を併用）と一部自由回答式、平均回答時間は約二時間三十分となっています。

これらの回答も随所に併せて参考にしながら、Xジェンダーの実態に迫っていきたいと思います。

まず、各Xジェンダー当事者が、自分自身をそれぞれのカテゴリのいずれに当てはまると思うかの回答をもとに、全体から各性自認の割合を導きました。

意外なことに、いずれのカテゴリも、目を見張るほどの大きな数値の差はなく、アンケート結果によると「中性」と「両性」がもっとも多く、それぞれ全体の約一九・五％ずつ、僅差で「無性」が約一九％、次いで「その他」が約一五％、「不定性」がもっとも少なく全体の約一二％でした。

また「自分をXジェンダーだとは思うが、いずれのカテゴリに当てはまるかは分からない」とした当事者と「無回答」を選んだ当事者も、合わせて全体の約一五％いましたが、これらは今後、性自認がどのように変化するか不明であることや、回答を控える背景に、どのような事情が隠れているのか推測できないため、いったん分類は保留といたしました。

このことからも「中性」「両性」「無性」では、ほぼいずれの性自認も平均的に存在していると言えます。

ただし、これらのアンケート結果は、今回の調査における各回答者の自己申告を独自に集計および分析したものに過ぎませんので、本書の見解や実情とは多少異なる部分もあることはご留意ください。

(1) 中性Xジェンダーの性自認

最初に、中性Xジェンダーの性自認をみていきましょう。

「中性」とは、〝自分は男と女の中間だと認識している人の、ジェンダー・アイデンティティのことを言う〟とあります［「Xジェンダー」『フリー百科事典 ウィキペディア日本語版』（http://ja.wikipedia.org/）二〇一六年四月七日（木）09:07 UTC］。

確かに一般的にいえば「中性」は〝男性と女性の中間〟で誤りではないといえます。ただ、半陰陽の人々を除いて「体の性」は男女という二極が通説ですが、では、「心の性」は男性と女性しか存在しないのでしょうか。

「心の性」には、男性や女性以外に、中性や両性、無性などもありますから、中性Xジェンダーの性自認は「体の性」のように「男女の中間に位置する性」だけとは一概に言えないのです。

そう考えますと、Xジェンダーにおける「中性の性自認」とは、「何かの性自認とそれ以外のもうひとつの別の何かの性自認との中間」もしくは「二つの性自認のうち、どちらかに偏っていない状態」

であると言えるのではないでしょうか。

そして、「何かの性とそれ以外のもうひとつの別の何かの性」は、必ず「反対の性」とも言えません。ですから、「何かの性とそれ以外の反対の性」という言葉もここでは使いません。

「中間の性自認」を持つ人々の中には「中性と男性の中間の性自認」や「無性と女性の中間の性自認」を持つ人々もいます。

これらの人々は、そういった性自認の人々が少ないことから、「自分たちの性自認は、その他の性自認である」と考えている当事者もいますが、「中性」を「何かの性と何かの性の間に位置する性自認をもつ」という概念で捉えるならば、男女の中性が「典型的」であり、こちらは「例外的」もしくは「亜種」と言ってもいいかと思います。

つまり「中性」は「一人の人格の中に何かの性とそれ以外のもうひとつの別の何かの性の両方が**ゆるやかに混ざり合った状態で存在**している」という感覚かも知れません。

さらに、中性の中でも、どちらかと言えば男性の性自認がやや強い人は「男性寄り中性」、逆に女性の性自認がやや強い人は「女性寄り中性」と自分を表現することもあります。

そして、割合としてはＦｔＸに「男性寄り中性」が多く、ＭｔＸに「女性寄り中性」が多いとみられています。それは、「最初は自分を性同一性障害だと思っていた」というXジェンダー当事者が常に一定以上いることからも容易に推測できます。

このように、これまでの「男性」と「女性」という男女二元論を軸とした概念ではなく、すでにXジェンダーのカテゴリとして存在する「両性」や「中性」や「無性」などを軸とした性自認から成り立った「中性」の性自認を持つものも存在するということを意識しつつ、今回は、いずれであっても、「何かの性自認とそれ以外のもうひとつの別の何かの性自認との中間」もしくは「二つの性のうちどちらかに偏っていない状態」であるものは「中性」のカテゴリとして分類することにしました。もちろん、男女の二極以外の中間性を自認している当事者を「その他」と分類するのか「中性のバリエーションのひとつ」とするのかに正しい答えはありません。

中性の性自認をもつ当事者は、自身の性自認を次のように表現しています。

「体の女性的特徴を無くしたかったり、女性扱いに違和感が有ったりするが男性扱いはしてほしくないから」

「男性としても女性としても違和感を持っているから」

「男性のカラダになりたいとは思わないが女性のカラダに違和感がある。女性に見られることも男性に見られることも両方違和感がある」

「女性扱いをされる事に嫌悪まで及ばない程度の不快感・違和感があるが男性になりたい訳ではない為、中間と認識している」

(2) 両性Xジェンダーの性自認

「両性」とは〝自分は男でも女でもあると認識している人の、ジェンダー・アイデンティティのことを言う〟とあります〔「Xジェンダー」『フリー百科事典　ウィキペディア日本語版』（http://ja.wikipedia.org/）二〇一六年四月七日（木）09:07 UTC〕。

こちらも中性Xジェンダーの性自認で述べたように、「心の性」が、男女という二極に限らないという概念を踏まえ「男女両方の性自認をもつ」という表現はしません。

それを前提に、両性の性自認を持つXジェンダーとは、「何かの性とそれ以外のもうひとつの別の何かの性という二つの性自認の両方をそれぞれ独立した性自認として認識しているもの」と解釈すると判りやすいのではないでしょうか。

「両性Xジェンダー」の二つの性自認は交代で入れ替わるのではなく同時に存在するという点であり、それぞれに「特定の名前や性格などの人格をもたない」ということです。

「何かの性とそれ以外のもうひとつの別の何かの性」の両方を抱えていると、自分自身でも「中性」か「両性」か、区別しにくい状況にあると思いますが、「両性Xジェンダーの性自認」は、「一人の人格の中に何かの性とそれ以外のもうひとつの別の何かの性の両方が**混ざり合わない状態で常に同時に存在**している」と言えば理解しやすいかも知れません。

本来、シスジェンダーをみても分かるように、一人の人格に性自認は一つです。

そのことを踏まえると「中性」や「無性」は混ざり合ったり、いずれかに属する性別の自認がなかったりしても「中性」「無性」という「一つの性自認である」と言えますが「両性」の場合は「一人の人格に二つの性自認」という状態になります。

また「両性Xジェンダー」の当事者にも様々な事例があり、同時に存在していると言っても二つの性自認を同じくらいの強さで自覚している場合もあれば、どちらかの性が優位性をもっており、もう一つの別の性は補足的、あるいは「そうでないと言いきれない」ことにより僅かに意識として有している場合もあります。

例としては、生物学的な性が男性であり、女性の性自認をもっているが、自分をまったく男性ではないとまでは思えない場合などです。

このような事例では、男性としての性自認に積極的で肯定的な意味合いはなく、どちらかというと「否定できないから仕方なく自認している」という程度であり、特に本人にとって「性別は男女どちらか一つであるべき」という考えや、女性として生きたいとの想いが強いと、男性の性自認を「認めたくない」というジレンマも抱えて悩むことになります。

両性の性自認をもつ当事者は、自身の性自認を次のように表現しています。

「男性の意識はあるが僅《わず》かであり、女性の意識が強いものの、こちらにも完全に寄らないため」
「男女両方の意識が常にあり、また一体感を感じるから」
「両方の性別の表現や思いを感じたり、理解できたりするため」
「男性に対しては女性的な心理や生理的反応が生じ、女性に対しては男性的な心理や生理的反応が生じるから」

(3) 無性Xジェンダーの性自認

「無性」とは〝自分は男でも女でもなく、性自認が揺れ動いたりもしない、自分の当てはまる性別はないと認識している人の、ジェンダー・アイデンティティのことを言う〟とあります〔「Xジェンダー」『フリー百科事典 ウィキペディア日本語版』(http://ja.wikipedia.org/) 二〇一六年四月七日(木)09:07 UTC〕。

「無」とは「ない。存在しない」という意味で使われますが、無性Xジェンダーの場合は「性自認そのものがない」のではなく「男女、あるいは中性・両性など、特定の性自認を持っていない性自認」を指します。

つまり「無」は「ない」のではなく「無」という状態が「ある」という一見矛盾したような状態ですが、あくまで、「無性」という性自認をもつ人々が「無性Xジェンダー」といえます。そのため「性自認そのものをもっていない」場合は、「無性という性自認も、もっていない」ことになります。同様に「性自認という概念自体がわからない」という人も「性自認そのものが不明な状態」のため「男女どちらでもない」とはっきり性自認を自覚している「無性」には当てはまらないでしょう。

無性の性自認をもつ当事者は、自身の性自認を次のように表現しています。

「男性でも女性でもないから」
「女の子といても男の子といても〝同性といる〟という感覚にならないから。『君は女（男）でしょ?』といわれても（そうだったっけ……?）と思ってしまうから」
「自分の存在は、男女という括りではないと思うから」
「わたし自身を、男性だとも、女性だとも思えないからです」

(4) 不定性Xジェンダーの性自認

「不定性」とは〝自分は男でも女でもなく、ある二つの性別の間を行ったり来たりしている人の、ジェンダー・アイデンティティのことを言う〟とあります〔「Xジェンダー」『フリー百科事典　ウィキペディア日本語版』（http://ja.wikipedia.org/）二〇一六年四月七日（木）09:07 UTC〕。

また、同じくウィキペディアの「トランスジェンダー」の「Xジェンダー」の項には、次のような文があります。

〝その中には性自認が入れ替わる者や、心の部分部分で違う性を自認する者等がいる〟〔「トランスジェンダー」『フリー百科事典　ウィキペディア日本語版』（http://ja.wikipedia.org/）二〇一六年四月一日（金）04:17UTC〕。

そのように入れ替わる性自認については〝この様相は、記憶のあるスイッチング（人格変換）を有する非典型例の解離性同一性障害[注4]の症状とも酷似しており、入れ替わる異性の心は乖離《かいり》した人格であった報告例もある〟と書かれています。

しかし「不定性Xジェンダー」の当事者が、自分たちを「解離性同一性障害ではない」とする根拠のひとつは〝自己に対する同一性は失われていないこと〟だと考えています。

どのように性自認が変わろうとも「自分は自分である」という一貫した自己の同一性が保たれていれば、それは解離性同一性障害ではないと言えます。

その他にも、解離性同一性障害に伴う記憶障害などの随伴《ずいはん》症状が見られないことなども挙げられます。ですが、その入れ替わる性自認に各々の人格として独立したキャラクター要素が付加されているとしたら、それは乖離した人格でないとは言いきれません。

もしも、不定性の性自認をもつ当事者が、自分の性自認に不安を抱く場合には、除外診断のために専門機関を受診することも検討する余地があるかも知れません。

「不定性とはどのような状態を指すか?」と問われたときに「性自認が入れ替わる」あるいは「性自認が揺れ動く」などの表現をする人々がいます。

入れ替わるという状態は、日にち、あるいは時間単位で、「男性」だったり「女性」だったり、自

注4　解離性同一性障害（Dissociative Identity Disorder）とは……以前は多重人格障害と呼ばれていたもので、その特徴は、二つ以上の同一性または人格が交互に現れ、いくつかの人格に関係する重要な個人情報を思い出せないという点にある。［メルクマニュアル（THE MERCK MANUALS ONLINE MEDICAL LIBRARY）http://merckmanual.jp/mmpej/sec15/ch197/ch197e.html 最終更新月二〇〇五年十一月］

身の性自認が不定期に変化する状態のことです。

極端に言えば、朝起きたときは「私は男性だ」と自認していたものが、午後になって「私は女性だ」と自認が変わってしまうケースもあります。

あるいは、ジェンダー・フルイド（gender fluid）と呼ばれるような、男性と女性の間を揺れ動いている状態のものもおり、これは、はっきりとした性自認の入れ替わりではなく、流動的な感覚をもち、液体のようにユラユラと性自認の波間を漂い、揺れ動きながら、自己の性自認が変化する状態のものです。

これら不定性は、仮に性自認が入れ替わったり、流動的であったりしても、自分の性が何か分からずに、戸惑ったり迷ったりして定まらない状態とは違い、それらとは一線を画すものであることは確かと言えるでしょう。

不定性の性自認をもつ当事者は、自身の性自認を次のように表現しています。


「女性化を目指しトランスジェンダーとして活動していたが、女性らしさにこだわることに窮屈さを感じ、自分の性別は日替わり、気分次第でいいやと開き直ったから」

「子供時代からずっと、自分は男だと思ったり、女だと思ったり、その都度、揺れ動いてきました。好きな時に性別が変わればいいのに、と何十年経った今でも感じます。男でも女でもあり、男でも女でもない、辛くもあり面白くもある人生です」

「日々、自分の性別感覚（性自認含む）が変わる、揺れる、針が振れる」

(5) その他のXジェンダーの性自認

Xジェンダーの中でも「その他」という性自認を持つ当事者は非常に複雑です。

これまでご紹介した、それぞれのカテゴリの性自認を振り返ってみますと「中性」はどちらかに偏りがあるないに関わらず、性質の違う二つの性の間に位置する性自認を持つもの、「両性」は性質の違う二つの性自認を同時に持つもの、そして「無性」はいずれの性自認も持たないもの、「不定性」は性質の違う二つの性自認の間で揺らいでいたり、あるいはそのときによって、その性質の違う二つの性自認が入れ替わったりするもの、でした。

ここからは、そのいずれにも当てはまらない性自認を持つもの、です。

具体的に例を挙げると「三つ以上の性自認を持つもの」や「性自認自体が存在しないもの」など「先に挙げた五つのカテゴリのいずれにも当てはまらないもの」です。

「男性と女性と無性」という三つ以上の性自認を同時にあわせ持つ「複数性」のような状態のものは現在のXジェンダーではまだ代表的なカテゴリのいずれにも当てはまりません。

さらに「性自認自体が存在しないもの」は「男女どちらでもない」あるいは「男女どちらでもある」という感覚ではなく「性別という概念そのものがない」という状態ですので、性自認そのものすら、認識することが不可能であるという、もっと根本的な問題になりますので、ここでは「その他」

に含めました。

当然、ここで挙げたカテゴリ以外の性自認を持つ当事者も存在しますので、今後新しく出現するかも知れない性自認の形態を想像しますと「その他のXジェンダー」にどういった性自認を持つ人々がいるのか、今の段階ではまったく予想もつきません。

しかし、三つ以上の性自認を持つXジェンダーの存在を考えると、性自認は一人にひとつ、ないし、ふたつまでという規定もありませんから、当然、それらをいくつも複数あわせ持つ性自認の当事者が存在してもおかしくないことになります。

その他の性自認をもつ当事者は、自身の性自認を次のように表現しています。


「正直、〝性自認〟という感覚がよく分からない（〝性自認〟という概念が、自分を表す考え方としてしっくりこない）」

「既存の定型的な定義に当てはまらないから」


もし、みなさんの目の前に「私には男性と女性と無性という三つの性自認があります」という当事者が現れたら、どのように接するのが望ましいと思うでしょうか？　ほとんどの人は混乱したり、対応に苦慮したりすることでしょう。それはXジェンダーの当事者同士であっても同じです。

たとえ、Xジェンダーの当事者同士であっても、自分以外の性の多様性を受け入れることは、非常に難しいことなのです。

「受け入れる」とは、自分以外のXジェンダーの存在を否定しないというだけではありません。相手の性自認がどのようなものか、しっかりと耳を傾け、理解しようと努め、なおかつ、相手が望むように接することができるかどうか、です。

否定をしないだけでは、無関心と同じです。

「なぜ、そのような性自認を持っているのか」「どのように接して欲しいのか」など、言葉を交わすことによって、相互理解を深めていくことが「受け入れる」ことの第一歩です。

社会やシスジェンダーの男女に理解を求めるだけでなく、Xジェンダー同士もそのようにお互いと関わりをもつことが、ひいてはXジェンダー全体を認め合うことになります。

「性自認は、こうでなければならない」という決まりごとが存在しない以上、どのような「性自認」が存在するかは、それこそ当事者の数だけ存在し、まさしくXという未知の領域であることは間違いないでしょう。そして、その未知の領域で、各々の性自認は、これからなおいっそう個性化の時代へと発展していくのかも知れません。

◇◇◇当事者アンサー一問一答（二）◇◇◇

神奈川県横浜市在住　蒼葉悠さん（仮名）ＦｔＸ　二十四歳

――あなたの性自認を教えてください。


ＦｔＸです。中でも私は「その他」の部類に当てはまると自覚しています。

私の自認は不安定なわけではありませんが、ＦｔＭ寄りの中性であり無性でもあると自認しています。

私は常に七〇％ほどは男性の性であるという感覚です。しかし、残りの三〇％が女性の認識であるわけではありません。

心の面で言えば、自分が女性であるという感覚は無に近いと言えます。

いわば、残りの三〇％は中性的と言えるかもしれません。

そのため、自分は男性寄りではあっても、女性としての自認がなく、中性的で、一〇〇％男女どちらかという感覚はありません。

常に中性のような、無性のような、そのような中途半端且つ曖昧な感覚でいます。


――あなたはいつ頃からそのような性自認をお持ちですか？

幼少の頃から、サバサバした性格ということもあり、「自分は女性ではあるかもしれないが、かなり中性的な人間だ」という自覚を持っていました。

実際、女性からは「同性のような感じがしない」などの理由からいじめられた経験が何度かあり、仲の良い男性たちからは「異性には思えない」などと言われ、他の男友達と同様に接してくれていました。

私は男性として扱われることに憧れの気持ちもあったため、男性から異性に思われないという状況は嬉しく思っていました。

その気持ちの反面、身体的に女性として成長することが次第に息苦しくなり、就職活動をしていた頃、良いとは言えない家庭環境の問題もあり、男にもなりきれない、女としての自分の身体も心では受け入れられない、そのどちらでも無いという性を自覚するようになりました。

――なぜ、ご自身をXジェンダーだと思うのですか？

自分の身体が女性として成長するとともに心と身体がかけ離れていく感覚もありました。

今では自分を女性だと思えることはありません。

一方、男性のように扱われたい、男性になりたいという気持ちが常にありました。

服装はメンズ物が中心となり、今では髪型もかなり短くし、アクセサリーもメンズ物を身に着けるようになりました。

しかし、外見をいくら男性に近づけたとしても、職場で求められる技術や持ち合わせた身体能力などは男性と思えるほどのものはなく、それゆえ心も一〇〇％男性とは思えません。

ですから、私は男性でもなく女性でもない「その他」の性としてXジェンダーだと自認しています。

——あなたにとってXジェンダーとは何でしょう?

性にあまり悩んでいない人々には、性は男性か女性のどちらかであると思われがちです。GIDが理解されつつあっても、FtMは男性、MtFは女性と分けることができ、GID当事者と実際にお話しした際にも一〇〇%心がどちらかの性の自認があると伺いました。

しかし、世の中にはそのどちらでも無い人々がおり、それらを明確に分けることは困難です。中性、両性、無性など、その境目が曖昧な人もいます。

Xジェンダーは男女以外に、大まかに「その他」と一括りに出来る性であると私は考えています。男女のどちらかでなくてはならないという考えから抜け出し、「自分」という人間性を表《あらわ》し、当事者同士がどのようなタイプであっても受け入れられるものではないでしょうか。

——あなたは周囲にカミングアウトしていますか?

親友の女友達二人、共通の趣味を通して知り合った友人数人、職場の先輩一人にカミングアウトしました。親友は驚きつつも、そのままの私を受け入れてくれました。完全に理解することは難しくとも、Xジェンダーであっても彼女たちにとって「私」は変わらない存在だと言ってくれました。

趣味の友達は全員女性ですが、SNS(ソーシャル・ネットワーキング・サービス)で知り合い、初めからプロフィールにFtXであることを記載しており、それをわかった上で普通に接してくれています。

職場の先輩は否定も肯定もなく、ただ、「今すぐ心（の性別）を定めなければならない必要はなく、一生定まらないというのも有りだ」と言っていただきました。

家族には言えません。

――家族にはカミングアウトできない理由を差し支えなければ教えていただけますか？

家族へ告げられない理由は、私の母親が性自認や性指向がマイノリティの人たちを受け入れられないためです。

母曰く、私は三人兄弟で唯一の女であるのに女らしい部分がなく、女の子になるＭｔＦならまだしも、三人も男はいらないそうです。そして、胸を潰したり髪を短くしたりするなどの男性に見られる努力をするたび、母には裏切り行為と言われます。

さらには自分の味方にならず、母親の友人の娘たちのような人間に育たなかったことで、母は頻繁に「死にたい」と口にします。

その結果、家族全員が私を悪者扱いし、母親が嘆き怒鳴ると、常に私が原因となるほかないという環境になってしまいました。

そんな複雑な母親との関係や、今後も私は家族と共にいなければならない環境にいる限り、家族に対しては、はっきりとカミングアウトすることが出来ません。

――他のＸジェンダーに対して思うことがあれば教えてください。

Xジェンダーに対する考え方は人それぞれであって良いと思います。

私は「男」「女」「その他」の「その他」がXジェンダーだと考えているので、感じ方、自認の仕方などそれぞれであるはずです。

だからこそXジェンダー同士、各々が各々であることを理解し、否定せずに受け入れあうことが出来るのではないでしょうか。

学生など若い時期には自己アピールをしたいあまり〝自分の性に逆らいたいとしているのでは〟と感じられる発言も見かけますが、軽はずみに自分がXジェンダーだと決めつけることはしない方がいいと思います。

本当に悩み苦しみ、他のXジェンダーの意見や情報に共感が出来ることを見つけるまで、迷い続けることも大切だと思います。

――あなたがXジェンダーとして社会や周囲の人たちに望むことはなんでしょうか？

私は法律を改正したり、Xジェンダーであるという理由で特別扱いされたりすることを望んではいません。

Xジェンダーであることを認め、それを否定されない環境を望みます。

そのためには、性別の名称で呼ばないこと、多目的用トイレ（男女兼用トイレ）の設置を多くすることなどの働きかけがあると、どのXジェンダーも多少なりと過ごしやすい環境になると思います。

そして何より、Xジェンダーとわかった上で、シスジェンダーの男女と変わらず「普通」に接し、扱ってもらうことが一番の望みです。

心と身体の性の不一致は、「病気」や「障害」ではありませんので。


――ありがとうございました。

◇◇◇当事者アンサー一問一答（二）◇◇◇

神奈川県在住　Sさん（仮名）MtX　四十歳

――あなたの性自認を教えてください。


性のイメージと自認のイメージはなく、でも私自身が何者なのかは身体的感覚と理性で判っています。でもそれをそのまま受け入れるような意志もありません。

（自分自身を）「男」と言わされることには大変不愉快な思いをします。

また体が生まれた性の形を示すことにも不快を感じます。

ですが、私は「女性ですか?」と尋ねられましたら、そのような経験はしていませんので、そのように答えることは驕《おご》りが過ぎますし、大変不遜《ふそん》と思います。

世の中の皆様には恐れ多くて、そのような事は言えそうにありません。
もちろん女性として人生を送っていたら、それはそれとして受け入れているとは思います。

——あなたはいつ頃からそのような性自認をお持ちですか？

物心ついた時からです。

ですが、性差をはっきりと意識するようになったのは、やはり第二次性徴が始まる頃になります。それまではあいまいな、どちらつかずの男性とも女性ともつかない意識を持っていたと思います。男性的な思考はありましたし、女性としてのあこがれも同時に持っていました。私のころは、まだGIDというものは日本では認知されていない時代で、大学を卒業したころからインターネットが始まり、海外の文献を目にする機会がありまして、本格的に社会の問題として取り上げようと思い、そのような意識づけ活動も行いました。その中で何年か経過した後に、活動的な方々が当事者団体などを組織して動き出すようになっていきました。

——なぜ、ご自身をXジェンダーだと思うのですか？

いわゆるGIDという事になりますと、確たる反対性の意思を持ち、それ以外を自己が認めないという限られた条件になるかと思いますが（それゆえに、それを前提とした社会的な救済も規定されるようになりました）、そのような確たる意思はなく、今の自身のありようを、そのまま認識するからです。

ただしそのありようは、あくまで自意識の受け入れるものであって、一般的な性の概念として他人から定型的に類推される類のものではないので、一般的に人間としての性的役割として期待されることが当てはまらないというのがその理由です。

――あなたにとってXジェンダーとは何でしょう？

性という厳密な二分世界において、さらに例外的に定義されているGIDなどにも定義されていない存在が、社会的に認知されていない自身の性に対する意識を持った既存の社会の枠組みに適応しかねる状態と思っています。

――あなたは周囲にカミングアウトしていますか？

簡単に、それとなく表現したことはあります。

――そのときの周囲の反応はどのようなものでしたか？

対象者全員から、私自身を否定され、拒絶されました。
同じ当事者以外に話したときの全員の反応がそうです。
この傾向は、浅い人間関係であろうが、肉親であろうが、関係がありませんでした。
ですから、このような事を必要もなく話をする事は、禁忌《タブー》だと思っています。
また暗に話を振られたとしても、絶対にこちらからそれに応える意思はありませんし、するべきではないと思います。

それは、社会的に円滑に自身を存在させるため、また、他者に自身を負担に思わせないための行動です。


――他のXジェンダーに対して思うことがあれば教えてください。


自身の存在できる場所を確保する事は、重要だと思います。

また、人は他人との関わりなくしては、存在理由の多くが失われてしまいます。

自身のその思いは、他人の思いとは必ず異なります。

ただ、社会はそれらを包括して存在し、全員の存在の意義の最大公約数を実現するよう出来ています。

例外は、必ずしも考慮されているわけでは有りませんので、人それぞれの居場所、自身の出来ること、共感してもらえること、それらはそれぞれ異なりますので、皆が無理のない範囲で他者との共存に努められるようにしていきたいと思います。


――あなたがXジェンダーとして社会や周囲の人たちに望むことはなんでしょうか？


この事象をもって、私の全てを否定しようとするのは、止めてくださいますよう、お願いしたく思います。

私の中に、皆様に受け入れられない部分があることは、十分承知しています。

この事象の外では、私も社会の中で努める役割も持っています。

皆様に、この事象について同じ思いを要求するわけでは有りませんので、皆様に不都合のない範囲で存在することを許容いただきたく、お願い申し上げます。

――ありがとうございました。

Xジェンダーの登場――一人のケースからXジェンダーについて考える

SPFデール

Xジェンダーは、いつ、どこで初めて登場したか、知っていますか？　言葉は、ある日に突然に表れてくるものではなくて、歴史と文脈を持っています。Xジェンダーも、もちろんそうです。社会学という視点から、Xジェンダーについて考える者として、Xジェンダーの視点を発掘することも私の役割でした。この章では、一人のXジェンダー当事者のケースを紹介することを通じて、あまり知られていないXジェンダーの（小）歴史をのべて、歴史と現代のXジェンダーとの結びつき、そしてこれからのXジェンダーについての参考まで述べたいと思います。

学術論文ではないので、気楽に読んでください！

Xジェンダーの始まり――関西のクィアコミュニティ

研究者によって視点と研究の方法が違うため、結果が異なることがあります。

例えば『性同一性障害のエスノグラフィ』は鶴田幸恵が行ったフィールドワークと研究に基づいた議論です。数年かけて行われてきたトランスジェンダー[注1]（ＭｔＦとＦｔＭ双方）への聞き取り調査が主な内容であり、二〇〇七年にＦｔＸと自覚している三人への調査も行ないました。そのＦｔＸの人物は、全員ジェンダークリニックで性同一性障害の診断を受けている最中であり、状況について下記のように述べました。

「女（Ｆ）ではないが男（Ｍ）でもない。何者か（Ｘ）になるという、新出ＦｔＸというカテゴリーに関連した人……」（鶴田二〇〇九、二〇七頁）

鶴田は詳しい分析まで進めなかったが、Ｘジェンダーがどのように知られるようになったかを考察しています。鶴田によれば、二〇〇五年に「中性ボーイッシュ」という概念が登場して、ミニコミ誌などを通じてＦｔＭとＦｔＸの当事者の集合体ができたそうです。この集まりは一〇〇人以上を動員しており、ＦｔＸと自覚している人も増加しつつあるとしています。それに加えて、二〇〇六年に『ハートをつなごう』というテレビ番組で、性同一性障害がテーマとなった回でＦｔＸの人物も参加したそうです。鶴田は、『ハートをつなごう』の影響は大きいと考えており、ＦｔＸだけでなく、性同一性障害の概念まで拡大する影響を与えたと述べています。

注1　トランスジェンダー（Transgender）とは……この節では、性別を何かの形で越境するという捉え方にしています。「越境する」というのは、例えば戸籍上の性別を変更する、ジェンダー化された身体を改造する、与えられた性別（つまり、生まれた時に戸籍上の性別となったもの）と異なるジェンダー・アイデンティティや性自認を持つ、ということです。ＭｔＦやＦｔＭに限らず、Ｘジェンダーもトランスジェンダーの定義に含まれています。

現在、鶴田はＦｔＸの当事者と更に調査をしています。

なお、鶴田は、ＦｔＸのことしか述べてないことに気づくべきであると個人的に思っています。ＭｔＸの存在は一度も挙げていなかったのです。

私の研究ではＸジェンダーに対して違う発見をし、鶴田と違う結果がでました。「Ｘジェンダー」という言葉は、二〇〇五年よりも前に関西のクィアコミュニティ[注2]で使われ始めたとわかってきたのです。しかも、最初に目立っていた人物は、ＦｔＸではなく、ＭｔＸの者でした。同じ言葉が、複数の始点を持っていることはもちろん可能であり、言葉の複数性を表すと考えています。偶然に、違う場所やタイミングで同じ言葉が使われ始めることはあり得ます。

「Ｘジェンダー」という言葉が初めて一般読者向けの出版物に登場したのは、恐らく二〇〇〇年に出版された吉永みち子の『性同一性障害―性転換の朝《あした》』です。性同一性障害という概念がまだ日本に認知されていない時代に出版されたものであり、性同一性障害と当時の問題や、医学界で行われた議論を論じました。主に、ＦｔＭやＭｔＦに関する情報が多かったのですが、第4章「性別を越境する人々」に、「男でも女でもない性」を紹介しています。そこで、ゲイ・フロント関西の代表・森田真一氏を「自分が男なのか女なのか、どちらの性に属するのか決められないまま、ほぼ十年の人生をすごしている」（吉永二〇〇〇、一五九頁）として紹介し、さらに次の描写があります。

「森田氏の戸籍上の性別は男である。背広とネクタイといった男性性を表す服装は嫌いだと言うが、ＴシャツにＧパン。髪も短い。がっしりした体型からも声からも、誰もが疑いなく男性だと思うだろう。外から見たら当然のように男でも、森田氏本人は、どうしても自分が男とは思えない気持ちを内に秘めてずっと生きてきた」（吉永二〇〇〇、一六〇頁）。

吉永によると、外見に関して森田は間違いなく、戸籍と同じ「男」です。しかし、本人のアイデンティティ[注3]はそうではありません。森田は、自分のアイデンティティについて以下のように語っていま す。

「自分は何者なのかと模索する中で、ゲイやレズビアン、あるいはトランスセクシュアル、トランスジェンダー[注4]などのコミュニティに身をおいてみても、どこにもしっくりこないという人が実はけっこういるんです。僕もそうなんです。『ゲイ・フロント関西』のトランスジェンダーのグループの人

注2　クィア（Queer）とは……この節では、トランスジェンダー、アセクシュアル、バイセクシュアル、ゲイ、パンセクシュアル等の全体的な呼称として使っています。つまり、シスジェンダーでヘテロセクシャルではない者の呼称としています。

注3　アイデンティティ（Identity）とは……学問等により様々な定義や解釈はありますが、ここでは簡単に「自分は何である」という意味に設定しています。アイデンティティは個人が決めることであり、自分を説明するためのものです。Xジェンダーをアイデンティティとして考えるなら、個人が自分のことを説明するためにはXジェンダーという言葉が当てはまる、という意味です。ジェンダー・アイデンティティは、ジェンダー（性別の社会的な側面）に関するアイデンティティであり、性自認ともいえます。

注4　森田にとって、トランスジェンダーという言葉は私が挙げた定義ではなく、もっと狭い定義として扱っており、戸籍上や身体的の性別を変更するのを必要としていない状態でありながら、「女」か「男」という明確なアイデンティティをもっている人々のことをさしています。

でも三分の一ぐらいは、自分がトランスセクシュアルなのかトランスジェンダーなのか、目指すゴールが男なのか女なのか明確にできない人がいますが、そういう存在を表す言葉がないんです。だから、僕のような存在を、Xジェンダーと勝手に呼んでいます。男や女のように社会的にジェンダー・アイデンティティは認められていないけれど、きっと何かあるはずだって思っています。どこに違和感を感じているのか、どこがしんどいのかは、TSともTGとも違う。トランスセクシュアルからみたら、望む性を手に入れる通過点でしかないのでしょうが、その状態がずっとなんです。もうこのままのスタイルでいくしかない。今ではそれが自分の性だと考えています。それを周囲が理解してくれたらと思います」（吉永二〇〇〇、一五九～一六〇頁）。

既存のアイデンティティや言葉を、森田はふさわしくなく感じています。性別に関しての違和感を持っているが、その原因は不明です。また、特に「男」や「女」を目指しているわけでもなく、「男」や「女」と明確にいえるようなアイデンティティを持ってもいません。そのもやもや感を把握するのに、「Xジェンダー」が一番ぴったりのようです。また、自分の性について森田は以下のように語ります。

「体毛という男性的な特徴はなくなってほしいとは感じます。いかにも男らしい部分には生理的な嫌悪感を覚えます。女性の身体が欲しいとは思わないんですが、よく夢を見るんです。自分の胸に乳房がついている夢なんです。それも欲しいというのではなく、あるはずだという感じです。ペニスもなくしてしまいたいとは思いませんが、膣があるはずだという確信に近いものがあるんです。性的に興奮した時など、ペニスがあるのに、膣が濡れた感触を確かに感じるんです」（吉永二〇〇〇、一六二頁）。

自分の「男性的」といわれる身体に対して、森田は違和感を抱えています。女性の身体を望んでいませんが、その方が自分にしっくりくるように思えています。ペニスの感じ方について、膣と例え、説明では男性の身体から離れようとしています。ここで、Xジェンダーはその体の感じ方を説明するためのものになっているといえます。体は男性ですが、感触としてはそうではありません。

森田は、二〇〇七年に逝去しましたが、他の作品にも存在が残されています。田中玲が書いた『トランスジェンダー・フェミニズム』の前書きにKENNという名前で登場し、また同じ名前で田中が監督した映像作品『♀？・♂？・※？・』（※＝♀＋♂）に登場しました。前書きで、田中は森田を「MtFtXゲイ」で「本当は女性にトランスしたいという願望がありながら、性指向はゲイの男性なので、二四時間男装をしてゲイ・コミュニティにいるという人だった」（田中二〇〇六、三〜四頁）と紹介しました。『♀？・♂？・※？・』において、森田はさらに自分のアイデンティティを説明しています。

ここでは、またMtFtXとして登場し、自分のジェンダー及び性自認を女性に近いと語っており、ジェンダーに関してもMtFに近いといえるようです。しかし、MtFと異なる点は性的関係の上での扱われ方です。森田は、そのような関係で女性として扱われたくありません。それより、好きになるのはゲイの男性で、性的欲求もゲイ男性に近いといっています。つまり、性自認と性的欲求が合わないということになります。ゲイ男性との性的関係をもつために、森田は「ゲイ男性」のように男装します。当時、森田は性的欲求を優先し、本当は見た目をもっと女らしくしたくても性的関係のためにしていません。

インタビューで、森田は自分のアイデンティティだけではなく、自分の理想的な社会についても語っています。そこで、ジェンダーフリーという言葉を使い、公的書類などで性別欄をなくしたり、性別に基づいている差別をなくしたりすることを唱えています。森田が目指しているのは、性別に基づいた差別が存在しない世界です。

参考

次に、森田のケースの関連する二つの質問について簡単に触れてみます。

① Xジェンダーは、なぜ一九九〇年代後半に登場した?

② Xジェンダーは、どうやって広がった?

① 一九九〇年代後半は、性同一性障害という概念がちょうど日本に注目を浴び始めた時代でした。メディアでの注目も多く、医学会での変化も劇的でした。この時代において、トランスジェンダーの人は、「芸能人」や「笑いの対象」や「変人」という扱いから、この概念によって「障害（ま

たは病気）を持っている人」という印象に変わりつつありました。これによって、トランスジェンダーというものは、芸能界に限らず、一般の人にも関係はあるのだ、という考え方が広がったと考えています。つまり、トランスジェンダーの人の存在が近くなったのです。テレビでみているものから、自分の周りにいる人が抱えている状態、もしくは自分自身が抱えている状態のものになったのです。

性同一性障害の概念によって、ジェンダーに関する概念も固まってきました。例えば、女性や男性として期待されるものは、医者の判断によって決められ、その演技に従わないと診断書をもらえない可能性はありました。Xジェンダーは、この時代とこの社会的な文脈に登場しました。つまり、性同一性障害の影響は大きいと考えられ、その反発とともに結果でもあるといえるでしょう。

② 現在Xジェンダーと名乗っている当事者の中で、森田の話を知っている人は少ないでしょう。森田自身の活動が、現在のXジェンダーに関する理解にどのぐらい影響を与えたか推測することは無理ですが、言葉の知名度に関しては少なくないと考えています。『性同一性障害―性転換の朝《あした》』を読むことによって、Xジェンダーを知り、Xジェンダーというアイデンティティを持つようになったという話を、聞き取り調査の協力者から聞いたこともあります。

しかし、Xジェンダーはどうやって関西のクィアコミュニティから全国に広がったかというと、そこにはインターネットの影響が大きいと考えています。どうやってXジェンダーを知ったかと聞くと、多くの人はインターネットと答えるでしょう。日本におけるゲイ・コミュニティについて書いたMark McLellandは、インターネットはゲイの個人に自分の経験について直接話せる場をつくり、ゲイ文化に革命的な影響を与えたと指摘しています（McLelland二〇〇五、一八六頁）。

Xジェンダーについては、具体的な集合場所がほとんど存在しておらず、インターネット以外に集まったり、出会えたりする場所がありません。インターネットは、Xジェンダーという概念とアイデンティティの構造、それから拡大に重要な役割を果たしており、インターネットがなければXジェンダーという言葉も広がっていなかったでしょう。ツイッター、ミクシィや2ちゃんねるのようなSNS（ソーシャル・ネットワーキング・サービス）で、Xジェンダーについてのディスカッションがこの二十年間で進んでいて、自分のアイデンティティについて考えるための重要なスペースだといえるでしょう。また、当事者が書いたブログや、ウィキペディア等のトランスジェンダーに関する情報が載っているページで、Xジェンダーについて知る機会はインターネットで多くなっています。

Xジェンダー研究のため、書籍を参考にしただけではなく、Xジェンダー当事者への聞き取り調査も行ないました。そこでわかってきたことは、Xジェンダーの理解は様々で、同じ言葉を使っていても違う経験や特徴を指しているということです。唯一の共通点は、森田と同じように、一人一人が自分のことを説明するためXジェンダーという言葉を使っています。一人一人にとって、Xジェンダーは自分を理解するため必要であり、または他人に自分のことを説明するための必要な言葉となっています。現代社会においては、個人の立場や環境などによってジェンダーや性別に関する解釈が違います。多くの場合、「男」や「女」というカテゴリは、個人にとってある意味の縛りとして感じられ、それを乗り越えるためXジェンダーが必要でした。「男」と「女」という言葉、そしてその言葉が象徴するものは、自分のことを説明するためには不十分です。

Xジェンダーという言葉がもつ歴史はまだ短いですが、森田のように、Xジェンダーという言葉を使って自分について語り、自分をよりよく理解させるために使っている人はたくさんいます。Xジェンダーというアイデンティティをもち、Xジェンダーを名乗るなら、みなさんもそうだと思います。Xジェンダーの歴史は、個人の話で作るものであり、今はその最中にいるのです。Xジェンダーの歴史は、これからだと考えています。

参照文献

田中玲『トランスジェンダーフェミニズム』インパクト出版社、二〇〇六年。

鶴田幸恵『性同一性障害のエスノグラフィ——性現象の社会学』ハーベスト社、二〇〇九年。

吉永みち子『性同一性障害——性転換の朝』集英社、二〇〇〇年。

McLelland, Mark J. *Queer Japan from the Pacific War to the Internet Age*. Lanham, MD: Rowman & Littlefield, 2005

第二章　Xジェンダーの性の自己決定権

第一章では、Xジェンダーを含めた心の性別に違和感を抱える人々がどのように自己の性を自認していくのか、そして、Xジェンダーの中には、それぞれどのような特性があるのかをみてきました。

この章では、Xジェンダーの人々が、自分たちの性をどのように捉えようとしているのか、そして、どのようにその性自認に折り合いをつけ、実際に生きていこうと考えているのか、その人生における性の選択や自己決定権について触れていこうと思います。

まず、性の自己決定権とは何でしょうか。

二〇〇三年五月に第一刷が発行された『性を再考する―性の多様性概論―』(橋本秀雄他著、青弓社)の二四八頁で〝ノンパス・トランスジェンダー〟を自称する阿部まりあさんは次のように述べています。

〝自分の性自認や性指向、社会的な性別、服装、しぐさ、色などなどの性別を自分で決めることを「性の自己決定権」といいます。

自分の性にまつわるあれやこれやは、可能なかぎり自分で選んで決めていけばいいという考え方ですね。基本的人権に加えられてもいいくらいの権利です。もう一つ重要なのは、ほかの人が勝手に決めてはいけないということですね。決定権はあくまでも本人にあるのです。〟

この文章を読み解くと「性別は自分で決めてよいもの」という解釈になります。

この「自分で決める」という言葉の解釈を間違えてしまうと「好き勝手に自由に決めていいのだ」と勘違いしがちですが、そうではありません。

第一章で、シスジェンダーの人々が自分の意思で性自認を変えられないのと同じように、Xジェンダーの人々をはじめ、性別に違和感を持つ人々も「自分の意思で性自認を変えることは不可能である」というお話をしました。不可能だからこそ、どうにもできない苦痛を伴っているのであり、もし性自認を自分の意思で自由に変えられたり、好きに選べたりするのであれば、身体の性と反対の性自認を持つ人々は、身体に性自認を合わせて変えればいいということになります。

しかし、阿部まりあさんが述べているのはそうではなく、生まれたときに医師などに割り当てられた性別が仮に男性であっても、自分が「そうではない」と感じるのであれば、それは「自分で決めてよい」ということなのです。つまり、皆さんは「自分の心の性に従って、自分の性自認を決定していい」のであり、例え誰であろうと「あなたは男性／女性の身体に生まれたのだから、男性／女性として生きるべきである」と決めつける権利はない、という人権のことです。

ですから「性の自己決定権」とは、決して「本当の私は自分のことを男性だと自認しているけど、男性として生きたくないから女だと言ってしまおう」というような、性自認をわざと偽る行為をしてもいい、という意味ではありません。そのことは取り違えないでください。

1　性別の押し付けと生き方の選択

性別を語る際に、これまでしばしば「氏」か「育ち」かという議論がなされてきました。

ジョン・コラピント著の『ブレンダと呼ばれた少年』（村井智之訳、無名社、二〇〇〇年）という書籍のことは、ご存知の方もいると思います。

これは「生まれて十八カ月以内の子どもの性自認は中立であり、その間に養育上の性別と外性器の外見を一致させ、第二次性徴とともに適当な性ホルモンを処方すれば、生まれつきの性別とは無関係にその子の性自認を決定できる」といった性科学者ジョン・マネーが、包茎手術でペニスを破損したブルースという男児に対し、性転換手術を施してブレンダという女の子として育てるよう勧め、実際に両親がそのように実行したのが一連の発端として描かれています。

その後、手術は成功し、ブレンダはごく普通の女児として育っているとしてマネーは一九七五年に学術誌Archives of Sexual Behaviorにおいて報告し、世間の注目を集めました。

つまり「生まれた性別に関係なく、人は育て方によって男にでも女にでもなれる」というのが、「育ち」でジェンダーが決まるという意味ですが、これに対しては、先のミルトン・ダイアモンド教授らが、「インターセックスの子どもはもともと生物学的に中間だからこそ、どちらの性に育てる事もできるのであり、生物学的にはっきり男性もしくは女性として生まれた子どもにその理論を適用することはできない」と反論しています。

しかし『ブレンダと呼ばれた少年』の問題の本質はそういった「氏」か「育ち」かではないことを、小山エミ氏は、『バックスラッシュ！　なぜジェンダーフリーは叩かれたのか?』（上野千鶴子、双風舎、二〇〇六年）の二九二頁で、無名舎版（すでに絶版し、のちに扶桑社から復刊）の『ブレンダと呼ばれた少年』であとがきを書いた、訳者の村井智之氏の言葉を引用して、このように書いています。

〝性別の差異が生得のものであるのか、あるいは養育の結果なのかという問題の真の答えはさておき、ここでただひとつ言えるのは、だれにもそんな人生を歩ませる権利などなかったということである〟

これがまさしく「性の自己決定権」がもっとも訴えていることであり、これについては、さらに小山エミ氏が、同二九三頁で、二〇〇五年六月二十一日付けの朝日新聞夕刊で同社科学医療部次長・高橋真理子氏の書いた記事を併せてこのように引用しています。

〝マネー博士の説の間違いを指摘したハワイ大学のM・ダイアモンド教授に連絡をとった。「生まれつきか育て方か、一方ではなく、両方の相互作用が性を決めるのです」と教授は言う。そして「男とは、女とは、こうあるべきだといった自分の好みを他人に押し付ける権利は、何人といえども持っていない」と強調した〟

ブルースの悲劇は、ペニスを失ったことそのものよりも、自分の意に沿わぬジェンダーを押し付けられ、周囲が十四歳になるまで真実を隠して、嫌がるブルースに「女の子」として女性ホルモンをむりやり飲ませて、混乱させられたことに尽きるとあります。

では、もしブルースが、本当はMtFで、心から女性を受け入れていれば良かったのでしょうか。そうではないというのは、これまでの経緯でお分かりになるかと思います。

なぜなら、仮にブルースが実際にＭｔＦであったとしても、それを理由に、本人の意向を無視して、周囲が勝手に、性別移行を強要することは「性の自己決定権」を侵害することになるからです。大切だったのは、不幸にも事故に遭ってしまったときに、周囲が〝どちらの性別で育てるか〟を早急に決めるのではなく、本人が自分の意思で決められる年齢になるまで、根気よく待ち続けるのが本来、周囲のあるべき対応だったのではないかと思います。

しかし、ブルースのような特殊な状況に両親が悲嘆し、焦って専門家に助言を求め、結果的に周囲が強引に性別を決めてしまったのは、少なからず、この世が〝ほぼ男女二極化で機能している社会である〟という現実において、性別が不明であるということの将来の不安と、日々の生活への支障を憂慮した結果であったとも言えるでしょう。

日本では、さらにここに戸籍の問題も絡んできます。

シスジェンダーの男女はもちろん、Ｘジェンダーを含めた性別違和を抱える人々も、肉体的に外性器などで、男女いずれかに明確に判別できる場合は、本人の意思に関係なく、生まれたときにほぼ強制的に性別は決められてしまいます。

医師をはじめ、親や周囲の誰も「もしかしたらＸジェンダーかも知れないから、本人の性自認がはっきりするまで性別の判定は待ちましょう」とは言いません。

このように現代の日本は、本人の意思を確認、その意思を尊重できない社会なのです。しかし、本人がある程度成長し、自分で性自認を自覚できてからでないと、その生き方も決められないという現実がある以上、やはり「性の自己決定権」というのは、自分の人生をより良く生きるうえで、重要な選択権の一つであると言えるでしょう。

そして同時に、ここではもう一つの大きな選択が含まれています。

それは、性自認が定まったからと言って「どのような性別で生きるか」ということは、また別問題であるということです。

これは、性自認だけでなく「どのような性別で生きるか」ということも、他人ではなく、自分で決める権利があるということなのです。

ですから「貴方は男性だから男性で生きるべきである」と周囲がいうのは「体の性」で判断して押し付けているだけでなく「心の性」に対しても、同じことが言えるのです。

例えば「私は男性である」という性自認を持っているFtMだからと言って、必ずしも男性として生きなければならないわけではありません。

そして、前項で「私はシスジェンダーの男性である」という性自認を持つ人が「私の性自認は女性である」と偽ることは、性の自己決定権とは言わないと書きましたが、「私はシスジェンダーの男性である」という性自認を持つ人であっても「しかし、私は女性として生きたい」と選ぶことは自由なのです。

その違いは何でしょうか。「性自認を偽る」ということと「生きる性別を選ぶ」ということは、全く違います。シスジェンダーの男性が「女性になりたい」と思うことは、絶対に許されないことなのでしょうか。

自分の生きたい性別を自分で決めることは、性への冒瀆《ぼうとく》になるのでしょうか。性の多様性を認めるということは、性自認が人によってたくさんあるということを認めるだけでは不十分です。男性だけど女性で生きたい、女性だけど男性で生きたい、そういった人々の「どの性別で人生を送るか」という選択の自由も受け入れられて、初めて色んな人々の性の多様性を認めることができるのです。

それと同時に、Ｘジェンダーの人々が自身の性別を男女どちらの規定にも当てはめられず、そのことで、社会生活に苦痛を感じている場合に、社会との共存を優先するがあまり、無理やり生まれと反対の性別を選択して身体の治療をしてしまうなど、仮に自分が決めたことであったとしても、本心から納得しないままに生きることは、「性の自己決定権」とはいえません。

2　ＦｔＭ／ＭｔＦからＸジェンダーへ

Ｘジェンダーの中には、身体的な治療の有無に関わらず、当初は、自分のことを「性同一性障害」だと思っていたものの、途中から「Ｘジェンダー」であったと気づく人々がいます。

気づくきっかけは様々ですが、都内在住の三十二歳（二〇一五年当時）ＭｔＸのＹさんはこのように述べています。

「もともとの性自認が女性寄りでした。なによりＸジェンダーというものを知らなかったため、Ｍ

ｔＦというものがしっくりくると考えていました」

今でこそ、インターネットやメディアなどで、Ｘジェンダーという言葉を耳にしたり、目にしたりする機会も増えましたが、ある競艇選手の記者会見などによって、性同一性障害が徐々に世間でも認知され始めていた二〇〇二年頃であっても、まだまだ性別違和を抱える当事者の間には、Ｘジェンダーという言葉がまったく浸透していませんでした。

当時のＸジェンダーの多くは自分を「性同一性障害」であり、かつ狭義のトランスジェンダー（ＴＧ）であろうと考えていた当事者も少なくなかったと思います。

続けて、Ｙさんにお話を聞いてみました。

――ＭｔＦからＭｔＸに性自認が改まったのは、いつ頃、どんなきっかけからでしょうか？

女性として仕事をはじめてからになります。仕事をして生活をしてという日常を送っていると「男性だ」「女性だ」ということは、あまり気にならなくなっていき、自然とＭｔＸという性自認に落ち着いていった感じです。女性として仕事をはじめたのが大体一年半前で、半年くらい前には（性自認が）改まっていたと思います。

――ＭｔＦだと自認していたときと、ＭｔＸだと自認が改まってからだと、何か変化はありましたか？

特に変わったことはないですが、常に気持ち的に丸裸で居られる感じになり、いままでコンプレックスだったことが全く気にならなくなりました。

ただ、状況に合わせて、あえて男性らしく振舞うなどの使い分けをすることは多くなりました。そのように振舞うことも、あくまで自分の個性であって、（社会に適応する）強みになっているだけに過ぎないですけどね。

――周囲の方にはMtFだとカミングアウトしていましたか？　また、ご自身がMtXであると性自認が変化してから、改めてMtXであったことをカミングアウトしましたか？

いまの職場でもカミングアウトして仕事をしています。ただしMtFとして、です。まだまだ（Xジェンダーという）性自認の認知度は低いと思うので、なるべく分かりやすい表現で良いかなと考えています。

――MtFからMtXに性自認が変わったことについて、ご自身がどのように考えていますか？

悩むのは仕方ないことだと思います。それでも自分がいちばんしっくりくる形で落ち着くように線引きできればと思います。なにも（性別は）「男性」か「女性」かだけではないですから。

Yさんは、このように締めくくってくれました。

また、途中から気づいたのではなく、もともと自分は「FtM／MtFではない」となんとなくわかっていたものの、Xジェンダーという男女二元論ではない生き方では社会で生きていくことに不都合が生じると考え、自分で「どちらかの性に当てはめなければならない」という強迫観念などから、〝FtM／MtF〟を名乗り、いったんは生まれとは反対の男女いずれかの性別で社会生活を営もうと決意したXジェンダー当事者もいます。その当事者は生まれと反対の性での社会生活を過ごすうちに、その生き方にも窮屈さを感じるようになり、様々な経験から考え方が変化し、やはり自分本来の性自認であるXジェンダーとして生きようと改めて決心が固まる場合もあります。

ですから、FtM／MtFと名乗っていた当事者が、ある時期から実はXジェンダーだったと周囲に対して性自認を改める背景には、それまでに本人による相当の葛藤があったと考えるべきでしょう。そこを無視して、一律に結果だけを見て「結局、反対の性別で社会適合できなかったから、仕方なくXジェンダーに鞍替えしただけなのだろう」と批判することは、人として人生に悩み、苦しみ、迷うことすら許さないのと同じということになります。。

3　Xジェンダーと診断書

まえがきにも書きましたが、Xジェンダーは疾患ではありません。

現在、DSM‐5において「性同一性障害」が「性別違和」という疾患名に変更され、診断基準の一部が「反対の性」という表現から「反対のジェンダー（または指定されたジェンダーとは異なる別のジェンダー）」と、かなり緩やかな表現に変更されました。これにより「では、やはりXジェンダーも疾患ではないのか」という疑問を持たれる人もいるでしょう。

しかし、Ｘジェンダーとはあくまで当事者たちが自由に呼称している俗称であり、Ｘジェンダーを名乗っている限りでは疾患にはならないのです。

ですので、詐病というものも存在しませんし、Ｘジェンダーとして真贋《しんがん》（本物か偽者か）を見極めるという行為も必要ありません。

また、仮に精神科やジェンダークリニックにかかったとしても、Ｘジェンダーに対して「Ｘジェンダー」という名称では診断書をもらうことはできません。

Ｘジェンダー当事者の中には性別への違和感があっても「自分は病気ではない」と考えている人々もいますし、そのような当事者は、医療機関にかかることさえ抵抗がありますので、「病気」と定義されることに対して、むしろ強い不快感を抱いていることもあります。

ですが、Ｘジェンダーが診断書を望むケースがまったくないわけではありません。

例として「改名を望む場合」や「身体的治療を望む場合」などが、これにあたります。

身体の治療を望まない当事者が多いＸジェンダーでも、やはり名前に関しては改名を望む声も多く、性別違和を理由に裁判所へ改名を申し立てる際には医師の診断書が必要とされます。

他には、社会との無用なトラブルを避けるために、診断書を望むＸジェンダー当事者がいます。

例えば、ＭｔＸの場合、身体の治療までは望まないものの服装や身なりだけ女性の姿をして、休日に女性のパートナーや女友達と外出し、一緒に女性専用のパブリックスペースを利用することもあります。当然、身体の治療はしていませんから、その場で、周囲から男性と見られることもあります。

そのため、自衛の策として、万が一、性犯罪者と誤認された際に性別違和があることを周囲に知ってもらう目的で診断書を手元に置いておきたいと考えるようです。

実際に「両性」のXジェンダー当事者で、性別違和やXジェンダーではなく「両性」という症状を主訴として疾患名のない診断書をもらえたという報告もあります。

疾患名のない診断書とは、特定の疾患としての診断は難しいけれど、本人が訴える「症状」を認めることはできる、というものです。

そのため、いわゆる「病気」としての診断書とは、やや意味合いが異なる書面であることは確かです。しかし、それでも性別違和を抱える当事者にとっては、自分のそのような状態が思い込みや勘違いではなく、きちんと専門家に認められたという証明にはなりますし、精神的に安堵する材料となることも間違いないでしょう。

ですが、病院によっては、これらの診断書を書く上で「その用途如何《いかん》では、安易に渡すことはできない」と話す医師もいます。

なぜなら、性別違和の診断には、慎重さが求められるのは言うまでもありませんが、中には、性別違和があると錯覚した女装趣味の性倒錯を持っている人々がいることは否めませんし、もしも、診断書さえあれば、男性でも女性の格好をして女性専用のパブリックスペースへの出入りが自由になるという前例ができれば、おのずと性犯罪を引き起こす人々もいないとは言いきれないからです。

もちろん、そのような人々のために、性別違和で悩んでいる人々が巻き添えになり、本来の精神的苦痛の改善の妨げとなることは許されることではありません。

ただし、その見極めは専門家でもなかなか難しく、ある程度の経過観察など時間も必要とするため、どうしても診断書の発行には慎重を期することが避けられないのです。

では、ここで、現在のアメリカの精神科医用の診断基準のマニュアルであるＤＳＭ‐５では「性別違和」の診断をどのように定義しているのか参考として記載しておきたいと思います。

青年および成人の性別違和

Ａ　その人が体験し、または表出するジェンダーと、指定されたジェンダーとの間の著しい不一致が少なくとも六カ月、以下のうちの二つ以上によって示される。

①　その人が体験し、または表出するジェンダーと、第一次および／または第二次性徴（または若年青年においては予想される第二次性徴）との間の著しい不一致。

②　その人が体験し、または表出するジェンダーとの間の著しい不一致のために、第一次および／または第二次性徴から解放されたい（または若年青年においては、予想される第二次性徴の発達をくい止めたい）という強い欲求。

③　反対のジェンダーの第一次および／または第二次性徴を強く望む。

④　反対のジェンダー（または指定されたジェンダーとは異なる別のジェンダー）になりたいという強い欲求。

⑤　反対のジェンダー（または指定されたジェンダーとは異なる別のジェンダー）として扱われた

い強い欲求。

⑥ 反対のジェンダー（または指定されたジェンダーとは異なる別のジェンダー）に定型的な感情や反応をもっているという強い確信。

B その状態は、臨床的に意味のある苦痛、または、社会、学校または他の重要な領域における機能の障害と関連している。

該当すれば特定せよ：

性分化疾患を伴う（例：252.2、［E25.0］先天性副腎過形成、または259.50［E34.50］男性ホルモン不応症候群などの先天性副腎性器障害）。

コードするときの注：性別違和とともにその性分化疾患をコードせよ。

該当すれば特定せよ：

性別移行後：その人は自分の望むジェンダーとしての恒常的生活へ移行しており（法律上の性別変更の有無を問わない）、少なくとも一つの医学的性転換処置、または治療計画、すなわち、自分の望むジェンダーを確立させるための定期的な性転換ホルモン治療、または性別適合手術（例：出生時が男性の場合の陰茎切除や膣形成、出生時が女性の場合の乳房切除あるいは陰茎形成）を行った（または、準備している）。

このように、ＤＳＭ‐５では、従来の性同一性障害から性別違和という疾患名に変更され、日本でも精神科医が性別違和を診断する基準として性別違和が必ずしも「反対の性」でなければならないとする診断は緩和されました。

このＤＳＭ‐５に基づけば、今後はＸジェンダーであっても「性別違和」であると診断されることによって、「性別違和」の当事者として疾患と認められることも可能になるのです。

つまり、Ｘジェンダーであっても、明確な性別違和があれば、ジェンダークリニックや精神科を受診し、そのことを告げた上で診断をあおぐことができるようになる、ということです。

また、その性別違和の程度によっては医師と相談のうえ、ＤＳＭ‐５に準じた理屈の上では「性別違和」という疾患名で身体的治療を受けることもできるようになるでしょう。

これらのことは、ＤＳＭ‐５の改訂が助けとなったことは紛れもない事実です。特に身体の治療を望む当事者たちにとって自分を無理に反対の性と偽ることなく安心して治療を受けられることになる大きな一歩だと思います。

また、世界的な医学全体の診断基準という観点では、世界保健機関（ＷＨＯ）の『疾患及び関連保険問題の国際統計分類：International Statistical Classification of Diseases and Related Health Problems（以下「ＩＣＤ」と略）』第10版（ＩＣＤ‐10）第5章「精神および行動の障害」というものがあります。疾病統計、疫学統計、行政においては、こちらが使用されており、現在、改訂作業が進むＩＣＤ‐11には大きな関心が集まっているようです［医学書院『週刊医学界新聞』（http://www.igaku-shoin.co.jp/

paperDetail.do?id=PA03144_01）第三一四四号、二〇一五年十月五日」。

こちらの改訂は二〇一七年頃になりそうだという情報もあり、「性同一性障害」は睡眠障害などとともに第三のグループに属し、精神疾患から外れることが有力視されています。

これまで、Xジェンダーの性自認は、カミングアウトをしても、一般には受け入れられがたいばかりか、周囲に混乱をきたすものとして敬遠《けいえん》されるなど、性別違和があると伝えても「反対の性別の性自認を持つ人」と判断され、そうではないということを訴えても、ひとたび浸透した世間の「性同一性障害」のイメージを覆すのはなかなか容易ではなかった現状がありました。しかし、これらの診断基準の改訂が何らかの役に立ってくれれば、さらなる性別違和の多様性に関する理解も深まるのではないかと大いに期待しています。

4　Xジェンダーの身体的治療と戸籍変更

二十七歳のＦｔＸ当事者Ｕさんは、十七歳からカウンセリングに通いはじめ、十九歳で性同一性障害の診断をうけ、身体的な治療を開始しました。

その後、二十一歳のときに戸籍を男性に変更しています。

Ｕさんは、治療を開始する前から、自分はＦｔＭかＸジェンダーか、どちらかであろうという自覚はあったが、明確にどちらであるという答えを自分では出していなかったと言います。

Uさんにとって、もっとも優先すべき重要な課題は、自分がFtMであるかXジェンダーであるかを見極めることではなく、女性として生まれたことによる違和感や嫌悪感を解消することだったからです。

そのため、身体の治療を選択した背景には、女性として見られたり扱われたりすることを思えば男性化することのほうがはるかに許容できるという思いのほうが強く、特に積極的に男性になりたいという欲求はありませんでした。また、戸籍の変更についても、身体的な治療を開始した当初はまだそこまでの考えはありませんでした。

当時はDSM‐4の時代だったため、性同一性障害の診断基準である「反対の性への継続的な強い帰属感」という項目からはやや外れるものの、Uさんはそれらを踏まえたうえで医師に男性として生きる覚悟を伝えたところ、医師もその著しく耐え難い女性という性への嫌悪感を察してか、Uさんに性同一性障害の診断をくだしたそうです。

本書の冒頭にて注釈でも触れましたが、日本の性別違和に関する診断や治療は、現在も主に「性同一性障害に関する診断と治療のガイドライン（第四版）」に沿って行われているため、たとえアメリカの精神疾患の分類と手引きである「精神障害の診断と統計マニュアル」が、第五版（DSM‐5）に改訂されても、それはあくまで国内の診断基準における参考に過ぎない部分もあり、やはり反対の性への強い帰属感がなければ、国内での診断や身体的治療への壁はまだまだ厚いと言えそうです。

ましてや、当時のUさんの置かれた状況では、とても「性別違和がある」というだけでは、身体的治療まで受けられる可能性は低かったであろうと思います。

ただ、Uさん自身も「それでも戸籍を変更するまでは、どちらかというと自分はやはりＦｔＭだろうと漠然と思っていた」と話します。

その後、無事に戸籍変更を終えたUさんは、企業でシスジェンダー男性として誰にも自分の出生時の性別をカミングアウトすることなく就労しましたが、男性としての社会経験を積んでいくうちに、徐々に「自分はＦｔＭではないのでは」という考えが頭をもたげてくるようになったそうです。

それまでは女性として生まれて女性として生きることに言いようのない気持ち悪さを感じていたUさんですが「一刻も早く、女性としての身体や社会的な扱いから解放されたい」という願いが叶ったことで精神的にも落ち着き、冷静に自分の性自認という内面に目を向ける余裕が持てるようになったといえるかもしれません。

そして、その思いは男性として日々社会に溶け込むようになればなるほど次第に強くなり、最終的にUさんは自らを「Xジェンダーだ」と結論づけました。

そのことを実感するようになった要因の一つに、会社で先輩男性によるUさんへの〝男らしさの強制〟や、それに対して制止するどころか煽るような周囲の反応がありました。「男のくせにナヨナヨしている」と言われては腹筋を殴られたり、山盛りの食事を無理矢理食べさせられたりしました。

Uさんは、そのたびに「なぜ自分が男らしくならなければならないのか」が分からなかったそうです。

やがてそれらの蓄積が男性として扱われることにも、女性のときと同じような気持ち悪さを感じるようになり、それが自分の性自認を決定づける確信へと繋がっていきました。

ですが、Uさんは女性に戻りたいとは決して思っていません。

それどころか、自分を元女性だということは今も社会ではクローゼット[注1]にしています。「とにかく自分と接する人に『自分が元女性であったことを知られたくない』という想いが、かなり強い」と話してくれました。

今は幸いなことに、Uさんは周囲からシスジェンダー男性と認識されているにも関わらず、女性からは「女子会」に誘われることがあるのだそうです。

女性には「性別を感じさせない人」という印象を与えているとUさんはいいます。

Uさんに改めて「もし、将来的に社会で第三の性が認められ、戸籍にXという表記が可能になったら、再び戸籍変更を望みますか？」と尋ねてみました。

すると、Uさんは力強く、そして迷うことなく「はい」と答えてくれました。

Xジェンダー当事者の中には、Uさんと同じように身体の治療や戸籍変更を望む人がいます。

そして、今、戸籍変更まで済ませている性別違和を抱える当事者の中には、男女二極化でしか社会に溶け込めない二者択一の現実を踏まえ、元の性別のままでいるよりは苦痛が軽減されるであろうという理由から、やむなく反対の性へ戸籍変更をしている当事者が確実に存在しています。

先のアンケート結果でも、すでに身体的治療や戸籍の変更を終えている当事者を含めても、全体の約一割程度が、身体の治療や戸籍変更を希望しており、かつ、「ぜひ通院したい（もしくは、する予定である）」「できれば通院したい」「一回くらいなら試しに行ってみたい」など、一度でも医療機関を受診してみたいとする当事者は、現在、通院を開始している当事者を含めて、回答者の約半数近い六一名が希望しています。

その一方で、「今後も通院を希望しない」や「今は通院中であるが通院をやめたい」とする当事者も二割程度存在しました。

理由としては「特に生活で困っていない」や「病院へ行っても何も変わらない」と考える当事者が多かったことや「Xジェンダーを病気（精神疾患）として考えていない、あるいはそう捉えられることをかえって不快に感じる」などの意見もありました。

Xジェンダーにとって、身体の治療は性同一性障害当事者のように「生まれの性と反対の性になるため」ではなく「生まれた性の特徴を消すため」であり、根本的に性同一性障害の当事者が望む目的とは大きく異なります。

Xジェンダーは、性同一性障害当事者のように生まれたときに医師から判定された性別と「反対の性」は望んでいないのです。

どちらかというと自らすすんで「望む性を手に入れたい」という性同一性障害の積極的な行動に比べると、「今の性を消したい」というやや消極的な方向ではありますが、それでもXジェンダー当事者にとっては、生まれの性を背負ったまま生きていくことに限界を感じて身体の治療を開始し、最終

注1　クローゼットとは……自分の性自認や性的指向を公にしない人。または、その状態を指す言葉。

的に「望む状態を手に入れた」という点では、決してネガティブな選択をしているわけでもありません。

また、身体的治療を進めていくうちに、外見と戸籍の整合性がとれなくなり、社会生活上の利便性を考え、やはりUさんのように戸籍変更まで行うXジェンダー当事者もいます。

しかし、Xジェンダー当事者の個人的な思惑はともかく、結果的に「生まれとは反対の性の状態」に近づけてしまう行為のため、このような当事者に対しては色々と批判も多く、シスジェンダーだけでなく、性同一性障害の当事者からも理解されにくい傾向にあります。

DSM-5にもありますが、DSM-4では「特定不能の性同一性障害」として、次のような判定基準がありました。

〝去勢や陰茎切除の考えに持続的にとらわれていて、反対の性の特徴を獲得したい欲求は伴っていないもの〟

さしずめ、FtXの場合であれば〝乳房切除や子宮・卵巣の摘出などの考えに持続的にとらわれていて〟というところでしょうか。

つまり「反対の性の特徴を獲得したい欲求は伴っていない」状態であっても「去勢や陰茎切除（あるいは乳房切除や子宮・卵巣の摘出）の考えに持続的にとらわれて」いれば、「特定不能の性同一性障害」として診断するという解釈です。

ですから、ＤＳＭ‐４では、Ｘジェンダーが身体の治療を希望するためには、この「特定不能の性同一性障害」と診断してもらわねばならなかったのです。

しかし、Ｘジェンダーが性同一性障害と診断を受けることは、社会に対しても、Ｘジェンダーという存在が、性同一性障害の影に隠れて不可視化されてしまうばかりか、出生時の性の特徴を消すために身体の治療を望むことは悪い行いであるような誤解さえも生みかねない危険を孕んでいました。

そして、性同一性障害は「反対の性で生きることを望んでいるのだ」という世間の認識のもとでは、それまであえて「性同一性障害」と名乗って自分の納得のいく身体の治療や戸籍の変更を終えたＵさんのようなＸジェンダー当事者が、ようやく本来の自分らしい生き方を見つけ、自らをＸジェンダーだと名乗ると「そこまで治療や戸籍変更までしておいて今更何を言っているんだ」や「なぜもっと身体的な治療を開始する前に性自認をしっかり見極めなかったんだ」とまるで身体の治療を望むことが許されるのは性同一性障害の当事者だけだと言わんばかりに、社会だけでなく、性同一性障害の当事者たちからも糾弾される羽目に陥るのです。

先ほどのＵさんも、そういった批判や中傷を気にして、同じ性別違和を持つ人に対しても、自分がＸジェンダーであることを告白するのは、勇気がいると言います。

Ｘジェンダーが、身体の治療をするのは「何かになりたくてする」のではなく「意に沿わぬものでありたくない」から、その痕跡を消すためにやるのです。

そこが「何かになりたい」他のトランスジェンダー当事者とは違うのです。

ですから、同じＸジェンダーでも、男性と女性の性自認を持つ両性や不定性の当事者には、身体の治療を望む人々が、比較的少ないようです。

男性と女性の性自認を持つ両性や不定性の人は、どちらの性別も自分だと認識しており、特にＦｔＸの場合は、男性の性自認が優位な人でも、まったく女性性がないわけではないため、身体の治療をしてしまうと、その女性性の部分を喪失してしまうような感覚に陥ってしまうからです。

また、身体の治療を望む場合であっても、どちらか片方の性になりたいわけではないため、乳房切除や子宮・卵巣の摘出は望んでも、男性化が顕著になるような男性ホルモン投与などの治療は望まないという選択に落ち着く当事者も多いようです。

このように、同じＸジェンダーであっても身体の治療を望む人、望まない人がいる中で、考え方も様々ありますが、シスジェンダーであれ、性同一性障害であれ、内在的に性別二元論[注2]的な価値観を持つ人々の中に、男女どちらか片方の性自認に属さないものが、身体の治療を望むことを看過できずに批判してしまう人々がいるのは残念なことです。

世間に予想以上に広まった、これまでの性同一性障害の概念が、かえって性別二元論の後押しをしてしまったという弊害がここにあると言えるかも知れません。

しかし、前項で示したＤＳＭ-５によって、今後は「反対の性」という違和感でなくとも性別違和を認められる可能性が開けたことで、Ｘジェンダーも「反対の性」を押し付けられることなく、自分の望む姿へ治療の選択肢が広がるようになったという点は、身体的治療や戸籍変更したＸジェンダーに対する世間の厳しい批判も幾分か風当たりが和らぐ契機になるのではと思います。

今後は世間一般の人々だけでなく、特に日本の医師や医療従事者、そして専門家、何より「反対の性」を望む性同一性障害当事者にも〝「反対の性」までは望まなくとも、身体の治療や戸籍変更を望むほどの強い性別違和感を抱えたXジェンダー当事者も確実に存在するのだ〟という事実を改めて認識してもらい、より良い治療のための取り組みと啓蒙に協力を仰ぎたいと思います。

注2　性別二元論（Gender Dualism）とは……この世に性別は男女という二種類しかなく、二つのうちどちらかの性自認によってのみ区別されるとする概念のこと。

Xジェンダー・精神科医の立場から

はりまメンタルクリニック　針間克己

Xジェンダーとは何か

Xジェンダーとは、二〇〇二、三年頃より、インターネットを中心に日本で使われ始めた言葉のようです。「X-gender」とも書かれますが、和製英語であり、医学的専門用語ではありません。そのため、医学的立場からの明確な定義は困難です。

使われ方を見ていると、主に自分のジェンダー・アイデンティティ（性自認）が、男性、女性どちらにもなく、「無性である」という場合に用いるようです。広い意味では「ジェンダー・アイデンティティがわからない」場合や、「ジェンダー・アイデンティティが男女どちらでもある」場合に使うことがあるようです。身体的性別が男性のエックスジェンダーのひとを「MtX」（male to X）、身体的性別が女性のエックスジェンダーのひとを「FtX」（female to X）と呼ぶこともあります。

なぜ日本でXジェンダーという言葉が使われるのか

「男女どちらでもない」という意味では、英語圏では「gender」に否定の接頭語「a」をつけて

「agender」（アジェンダー）と呼ばれることが多いようです。

また男女どちらかよくわからないという意味では「questioning」（クエスチョニング[注1]）という言葉が用いられます。

ただこれらの言葉は日本ではあまり知名度もなく、十分にはその概念が紹介されてきませんでした。

あるいは、いろんな人も含めて幅広く「transgender」（トランスジェンダー）という言葉もあります。トランスジェンダーは日本でもそれなりに知名度はある言葉なのですが、医学的概念である「性同一性障害」に対して、医学概念ではない、というニュアンスが日本では強くあるかもしれません。

結局のところ、なぜ日本で「Xジェンダー」が普及したのか明確な理由はわかりません。個人的な推測としては「X」という言葉が日本人的言葉の感覚にぴったりで、「エックスジェンダー」という言葉の響きも分かりやすかった、というネーミングの妙によるものではとも思います。

医学的診断はどうなるか

「性同一性障害」という疾患名はみなさんご存じだと思います。これは基本的には「身体の性別とは反対の性別であると強く確信している」状態です。Xジェンダーの場合は、「反対の性別であると

注1　クエスチョニング（Questioning）とは……自分の性自認や性指向に迷っていたり、それらを探している最中であったり、自分をそれらの特定のカテゴリに規定したり帰属することに不安を感じているなどの人々をさす。

いう強い確信」はないので、診断基準は満たさないことになります。

しかし、ＤＳＭ‐５という、米国精神医学会の発行する新たな疾患リストでは、性同一性障害は「性別違和」という診断名に置き換わり、診断基準も変更されました。

そこでは「反対のジェンダー」だけでなく「指定されたジェンダー」とは異なる別のジェンダー」を望む場合でも、診断基準を満たすようになりました。

「指定されたジェンダー」とは、赤ちゃんがおぎゃあと生まれた時に、産科医や助産師によって、「男の子」「女の子」と決められた性別のことです。それに対して「別のジェンダー」とは、これまでの男女という概念だけにとどまらない「男でも女でもない」や「男と女の中間の」なども含めた多様な性別のことです。つまり、どんな性別でも、生まれたときに決められた性別とは異なる性別であれば、疾患として診断基準を満たすということになったのです。

ただ、「自分でもまだよくわからない」といったタイプの人は「異なる別のジェンダー」とも言い切れず、診断基準は満たさないかもしれません。

また、診断基準Ｂというのもあり、本人に苦悩があったりすることも診断基準ですので、Ｘジェンダーの人で、特に困ることなく社会生活も支障がない、といった方も診断基準は満たさないと思います。

ガイドラインとの関係性

日本精神神経学会の作成するガイドラインは、性同一性障害の人を対象にしています。

ＤＳＭ-５の「性別違和」を対象にしているわけではないのです。そのため、Ｘジェンダーの人が身体治療を求めた場合に、適切な方針を医療側は持っていないということになります。現状では性同一性障害に準じて、適宜、対応判断していると思われますが、やはり明確な指針がほしいところです。

改名、戸籍変更との関係

性同一性障害に関しては、家庭裁判所において、改名を行うことが可能です。Ｘジェンダーに関しては、改名理由となるかどうか不明です。実際に典型的な男性名や女性名の場合は、改名を望む人もいます。現実的なのは、「性同一性障害」と診断され、改名するということになるのかもしれませんが、医学的に厳密なことを言うと、診断に疑問が残るケースもありそうです。

戸籍変更に関しては性同一性障害者特例法に基づいて、戸籍の性別の取扱いが変更されます。Ｘジェンダーの人は、おそらく多くの場合は、戸籍の変更までは望まないだろうし、戸籍変更の要件を満たすのも困難だとは思います。ただもとの性別の違和感が非常に強い場合は、変更を望み、要件を満たすべく治療を受けるということもあるのかもしれません。

実際の臨床像

実際に私のクリニックにくるＸジェンダーの人々は、以下のような特徴があります。いろいろな例がありますが、より典型例を、わかりやすく記してみます。

ＭｔＸのひとは、特に女装や化粧などはしていません。かといって男性的な服装もせず、ニュートラルな服装です。ユニセックス的なパンツとシャツといった感じです。ひげをのばすことや筋肉質な体は好まず、勃起や性欲にも嫌悪感があります。ペニスや睾丸は不要であると考えますが、乳房のふくらみや女性器は求めません。恋愛感情もあまり持たないことが多く、できるだけ性的な存在ではないように望みます。男性ホルモンを抑えることは希望しますが、積極的に女性ホルモン剤を望むものでもありません。睾丸切除を希望することも多いです。ペニス切除も望む人もいます。女性性器の形成手術は望みません。

ＦｔＸのひとも、化粧はあまりしていませんし、スカートもはいていません。かといって男性的な服装もせず、ニュートラルな服装です。ユニセックスな感じのシャツとパンツ姿です。髪の毛も長髪ではないが、スポーツ刈りのような極端に短いというわけでもありません。乳房に強い嫌悪を持ちますが、ひげがはえることや筋肉質な体は好みません。生理は嫌悪します。特にペニスを望んだりはしません。恋愛感情もあまり持たないことが多く、特に男性から性的対象に見られることを嫌悪することが多いです。生理を止めることは希望しますが、積極的にひげや声変わりや筋肉質な体を望むものでもありません。美容形成的見地から、乳房切除だけを受けるケースもあるようです。

こうして特徴を書いてみて、改めて気がついたのですが、医療機関を受診する人は、身体の違和感が強く、身体治療を求めるタイプの人が多いかもしれません。Ｘジェンダーと自認していても、特に身体の違和感が強くなければ、医療機関を受診する理由もなく、私も診察室でお会いしないということかもしれません。

アンケート調査を読んで

ここからは、アンケート調査を読んだ上での雑感を述べます。主に筆者の臨床経験と比較してのものですが、正確な臨床統計はとっていませんので、記憶と印象に基づくものであることをお断りしておきます。

生まれた時に割当てられた性別は、男性四〇名、女性九三名と女性の方が約二倍多い。これは、クリニック受診者とほぼ同様の割合です。

年齢分布は、二十代前半にピークがあります。これもまた、クリニック受診者と同様の分布です。未婚者で子供のいないひとが大多数です。これもまた、クリニック受診者と同様の特徴です。

性自認の調査結果は、「中性」「両性」「無性」「不定性」「その他」がほぼ五等分されています。筆者の臨床経験上は、「男女どちらでもない」、「男女どちらかわからない」、というものが多かったです。「男女どちらでもない」（無性）というひとは、身体治療により、性別特徴を消すことを望んだり、「男女どちらかわからない」ひとは、診察により自分の性自認を明確にしたい、と望み、筆者のもとを受診しますが、「男女の真ん中」（中性）、「男女の両方」（両性）といったタイプのひとは、医療機関を受診する必要性に乏しいということの反映かもしれません。

性別に違和感を持ちだす年齢は、十二歳以下が多いです。これは、通常の性別違和と同様の傾向といえます。

Xジェンダーという言葉を知った年齢は二十代前半にピークがあります。これは二十代前半になると言葉を知るようになる、と解釈すべきではないでしょう。Xジェンダーという言葉が日本で広く普及し始めたのは、ここ数年のことであり、年齢にかかわらず、数年前に知ったということではないでしょうか。すなわち、回答者の年齢ピークの数年前に、Xジェンダーという言葉を知った年齢のピークがある、と解釈するのがよさそうです。

性指向に関する結果は、複数回答なので、単純な解釈は困難です。筆者の臨床経験的には「恋愛感情はない」というものと、「特に相手の性別にはこだわらない」という者が多かったです。そうしたことをふまえて、調査結果を見ると「Aセクシュアル[注2]（無性愛者）」「ノンセクシュアル[注3]（非性愛者）」の数が多いことに気が付きます。複数回答とはいえ、この二つに答えたひとは、他を選択はしていないと思われます。また対象相手の性別に、シスジェンダー男性、シスジェンダー女性以外を選んだひとも目立ちました。つまり、調査結果も「恋愛感情はない」ひとと、「特に相手の性別にはこだわらない」ひとが多いという、筆者の臨床経験に一致したものではないかと推定できるのです。

通院歴のあるものは一三名と一割です。医療機関を受診しない九割のひとがいることより、筆者の臨床経験のみでXジェンダー全体を語るのは、困難であると、改めて痛感させられました。

今後の継続的通院を希望するひとも少ないです。一方で、乳房縮小術を希望するひとが四〇名いるなど美容整形の希望をするひとは一定数います。これは精神科などに定期的に通院するつもりはないが、手術による身体治療のみは望みたいということなのでしょう。

Xジェンダー以外の病歴の調査も興味深いところです。複数回答なので、詳細は不明ですが、発達障害やうつ、不安障害など精神疾患の病歴を有するひとが多数います。回答者全員が、精神医学的評価を受けたわけではないことを考えると、かなりの高率であるといえるでしょう。筆者の臨床経験でも、主訴がXジェンダーであっても、他の精神医学的問題を有することは多くみられます。Xジェンダーの悩みから二次的に生ずる精神症状なのか、他の精神疾患があるゆえに、性自認に揺らぎが生じXジェンダーを自覚しているのか、慎重な評価が必要と思われます。

戸籍変更を望むひとが一九名いたのは意外でした。実際に変えたひとも三名いたようです。Xジェンダーであれば、反対の性別になる必要もないと思ったからです。ただ、戸籍変更を望む理由が「生まれた性で扱われるよりマシ」が二六名いて、なるほどなと思いました。男女二元性の世の中で生きていく中で、苦渋の選択としての性別変更ということなのでしょう。ただ、そのために、本来身体違和の強くないタイプの人まで性別適合手術を受けるとしたら、憂うべき事態だと思います。

注2　A《ア》セクシュアル（Asexual＝アセクシュアル）とは……無性愛者のこと。無性愛とは他者に対して恒常的に恋愛感情や性的欲求のいずれも抱かないこと。エイセクシュアルともいう。

注3　ノンセクシュアル（Nonsexual）とは……非性愛者のこと。非性愛とは他者に対して恋愛感情や性欲自体はあっても、恒久的に性的欲求は抱かないこと。無性愛と違い非性愛は一般的な学術用語ではない。

調査全体を通して、精神科臨床でお会いするXジェンダーの方々と共通する特徴もあれば、違う特徴もあり、大変考えさせられました。

おわりに

我が国においては、典型的な性同一性障害の臨床像からはみ出たひとたちの受け皿として「Xジェンダー」概念が広がったという側面があります。典型的な性同一性障害者像に沿ったひとのみを医療的、社会的、法的支援の対象としてきたわが国においては、Xジェンダーの方々と、どう共に生きていくかは、喫緊の課題だと言えるでしょう。

第三章　Xジェンダーの日常における様々な課題

Xジェンダー当事者が日常で直面する苦痛や戸惑いには様々なものがあります。トイレ問題、一人称問題、服装や見た目の問題、あらゆるものが、性別とは切っても切れない状況にあります。

本章では、その苦痛や戸惑いに対して、具体的にXジェンダーの人々がどのような対応を行っているのか、先のアンケート結果を交えてその割合や実態などを拾い出し、これまで「反対の性」を主眼に対応されていた課題との比較や、Xジェンダーならではの日常生活の性の課題などを、改めて書き出していきたいと思います。

1　Xジェンダーの一人称

Xジェンダーの一人称としてもっとも多かったのが「私」です。職場や公の場では約四割が「私」を使用し、友達や親しい人の間では約二割であったという結果が出ています。

次いで、多かったのが「自分」で、職場などでは約二・五割、私的な場では約二割のXジェンダー当事者が「自分」という一人称を使用しています。いずれも、海外でいう「I」にあたる意味として、幅広く一人称を包括する語句と捉えている傾向があるようです。

公的な場での一人称は「私」と「自分」が圧倒的に多かったのに対し、私的な場での一人称は、「僕」「俺」なども比較的多くみられました。これは、MtXは私的でも「私」を使う傾向があるのに対し、FtXの場合は、プライベートでは男性の一般的な一人称である「僕」や「俺」を使用する人々が増えるためだと推測します。

Xジェンダーの多くが一人称に困るという悩みを抱える中で、公的な場では「私」が男女の区別なく、相手にも違和感や不快感を与えずに使用できる一人称だと解している結果ですが、プライベートにおけるFtXの男性の一人称の使用が目立ったのは、私的な場では「私」という一人称の印象が、どうしても女性を連想させてしまうという感覚にとらわれるせいかも知れません。

2 Xジェンダーと性指向

続いて、Xジェンダーの性指向ですが、こちらでもっとも多かったのは、僅差でシスジェンダー女性、次いでシスジェンダー男性、そしてパンセクシュアル[注1]（全性愛者）、ノンセクシュアルと続きました。

こちらは複数回答のため、パンセクシュアルの人が、同時にシスジェンダー女性／男性も選択していることが考えられますが、意外にも、FtM男性やMtF女性への性的指向が、シスジェンダーの男性／女性に対して約半分以下とかなり少なく、中でも、FtM男性への性的指向は、他の性別に

注1　パンセクシュアル（Pansexual）とは……全性愛者のこと。オムニセクシュアル（Ominisexual）とも呼ばれ、男女二極以外の人々も含め、あらゆる人々に恋愛感情や性的欲求を抱いたりすること。相手の性別や性自認を問わず「自分が好きになった人が恋愛および性対象である」と考える人もいる。

対する性的指向と比較しても、かなり低い数値でした。

しかし、一方で同じXジェンダーであるFtXやMtXへの性指向は、ノンセクシュアルの次に多く、これらのことから推測されることは、Xジェンダーの性指向は、自分たちと共感してもらいやすい同じXジェンダーか、逆にもっとも性別違和とは縁がないシスジェンダーの人へ向く傾向が、強いようです。

その理由を分析するにあたり、恐らくFtM男性あるいはMtF女性は同じように性別違和感を抱えながらも、男女二元論の思考をしている当事者が多く、過去に性同一性障害と一度でも接したことのあるXジェンダーは、しばしば、性同一性障害の当事者から「いつまでもXジェンダーなどと言って性自認をうやむやにせず、はっきりどちらかに決めなさい」と強要や叱責された経験を持つXジェンダー当事者も少なくありません。

それらの体験が、仮に性同一性障害とXジェンダーが似たような性別違和を抱えていても、お互いに理解すること、されることに、もっとも労を要する相手であるという認識が、無意識に避ける傾向を示しているのではないかとも考えられます。

3　Xジェンダーの服装

世間には「ユニセックス」という言葉が存在します。この「ユニセックス」という言葉は、「中性的」という意味をもちますが、一般的にはファッションとして「男女兼用」という意味合いが強く含まれています。

そのため、シスジェンダーの人々が、Xジェンダーを「ユニセックスのようなもの」と解釈するのは正しくありません。ユニセックスは、あくまで服装のことを指すファッション用語であると考えておいた方が無難です。

積極的かどうかには関わらず、多くのXジェンダーは、ユニセックスの服装を自ら選んでいます。次に多いのが男性の私服、そして、女性の私服と続きますが、これは公私共に順序に変化はありませんでした。

男性の私服がユニセックスに次いで多い理由を考えますと、FtXが出生時の性を嫌って、見た目を男性性に近い格好で装っていることと、MtXが社会的な立場を考慮し、女装者と誤解されるのを恐れて女性の服装を避けていることなどが挙げられますが、三番目に女性の私服が多いという結果をみますと、女性の服装で化粧をしていても、性自認はFtXであるという当事者の存在を示していることがうかがえます。

職場などでは社会的にもその傾向が強いのは当然かと思いますが、実際プライベートであってもFtXが女性性の服装をすることがアンケートの回答からも示されており、必ずしも性別違和があるから生まれの性と反対の見た目を好むというわけではないようです。

出生時の性と同じ性別の格好をしているXジェンダー当事者にとっては、それらが社会的に適合しやすいため、便宜上だけのものとして割り切っていることもあります。他に考えられるのは、両性や不定性、もしくは中性であっても出生時のほうに近い性自認を持っている場合は、出生時の性と同じ性別の服装を好んだとしても何ら不思議ではないでしょう。

そこが、反対の性自認を持つ「性同一性障害」の人々と違い、出生時に割り当てられた性別が女性／男性であり、性別違和を抱えていても、出生時の性の服装にも抵抗がないばかりか、むしろその性の服装も楽しんで着用できるといった要素は多分にあります。

そのため、性別違和を訴えるXジェンダーが、出生時とは反対の性の格好をしている人々ばかりであるとの誤解は避けていただきたいと思います。

ＦｔＸ、ＭｔＸに関わらず、出生時に割り当てられた性別寄りの格好をしているXジェンダー当事者は、一見するとシスジェンダーにしか見えないために、仮に性別違和を訴えても、その性の違和感を疑われる対象になりやすいように思います。

必ずしも反対の性別寄りの格好をしている当事者だけがXジェンダーであるわけではないのです。仮に、ＦｔＸであっても、スカートを履き、化粧をすることに抵抗のない当事者もいるのだということも認識のひとつとして伝えていかなければ、出生時に割り当てられた性別寄りの格好をしているというだけで、「本当はそんなに性別違和が酷くないのではないか」、あるいは「別にそのまま女性／男性で生きていけそうだよね」という誤った認識をもたれてしまいかねません。

服装ひとつとっても「このような格好をしているからXジェンダーではない」というような決め付けを周囲が判断することはできないのです。

4　Xジェンダーのカミングアウト

前述した『セクシュアル・マイノリティへの心理的支援』の第十七章（一九九頁〜）では、「性同一性障害の家族への対応」として、配偶者、子ども、兄弟姉妹、両親などへの面接に関する内容も記述されています。

これまで具体的に当事者以外への対応に言及した書籍は少なかったように感じる中で、この内容はXジェンダーにとっても非常に参考になるものと感じました。

特に両親への面接に関しては、その幾つかの傾向によって対応の仕方も提案されており、Xジェンダーが精神疾患ではないにしろ、両親や周囲との関係悪化が認められるのであれば、相談機関のひとつとして当事者と身内などが共に医療機関を利用するなど、臨床心理士や医師のような専門家との面談を周囲にも促すのは、関係改善の手段としても有用なのではないかと考えます。

Xジェンダーの中にも、「親に心配をかけたくないので絶対に言えない」という当事者から、「自分が言わなくても何となく分かっているようだ」とする当事者までその事情も様々ですが、ここではカミングアウトをして受け入れてもらえた人、否定された人など幾つかの例をご紹介します。

まず、アンケート結果では一三三名中、「カミングアウトしている」もしくは「していないがなんとなく気づかれている」と答えた当事者が約六割で、若干「カミングアウトしていない」と答えた当事者を上回りました。

そのカミングアウトの相手は、「母親」が圧倒的に多く、次に「友人・知人」、「ネット」、「親友（特に親しい友人）」、「父親」と続いています。

カミングアウトをした際のシチュエーションや、相手の反応はもちろん人それぞれですが、もっとも多かった母親へのカミングアウトでは次のようなやりとりがされていました。

「母の衣服を拝借していたところを見つかったことがあったため、気づかれていることはわかっていた。隠し続けることに耐えきれなくなり、今後行動を起こすことも考えると先に話すべきだと思ったのでカミングアウトした。母は、以前から知っていたことは認めたが、『私にとってあなたは男よ！』と言い張った」

「セクシャルマイノリティのための電話カウンセリングを受けた後、母に『何のカウンセリングだったのか』と聞かれ『父が女性蔑視発言をするからそれに反発するために男になりたいだけじゃないのか』と言われた（ＧＩＤＦｔＭと勘違いしている発言）」

「母は受け入れきれないけど、知っている状態。そこは私も承知して納得しています。寂しくはありますが、親と子の立場としては仕方ないと思っています」

「母は、何なのかはわかっていないようだが、いわゆる性指向と性自認が少数派の中のどれかのようだと思っているふしがある。私の本棚を見て『この世界で生きていくんかなあ』と言っていた」

「母は『違うよ、あれって女の子好きになるやつだよ』と否定（←そもそも定義違うのと、自分は女の子好き）」

母親側としては、親としての責任や願望、子を想う気持ちの葛藤を考えると、すぐに受け入れるのは、やはり難しい面が多々あるようです。

その次に、友人や知人に対しては次のような回答がありました。

「部活の人たちをメーリングリストで呼び出して集めて、改まった形で話した。（それ以来）女子として扱ってくることがなくなった。ＬＧＢＴに関心を示してくれるようになった。今まで以上に興味や親しみを持ってくれるようになった」

「友人たちとは、日頃からセクシュアリティやマイノリティについて、また人権問題などについて、いろいろ話をする中で、（自分のことを）『よく分からないできたけれど、今は、Ｘジェンダーかなぁと思っている』や『Ｘジェンダーというのが一番しっくりくるように思う』と話すと、『そうなんや』という感じで、特に大きなリアクションはなかった」

「ある程度親しくなってくるとたいていカミングアウトする。自分がモヤっとする言動をされたときに『それはやめてほしい、なんでかっていうと……』と言うことが多いです。たいてい自分の性格を知られている人に話すので『ああ、そうなんだ』くらいの反応。そのせいで縁を切られたり、気味悪がられたりなどはなかった。ただ、『無遠慮な発言してたらごめん』と必ず言われるので気を遣わせてしまっている部分があるように思う」

「友人にはある程度心を許せるようになってから、ＳＮＳやメールで伝えた。友人達は納得がいったようで『あなたが何者であっても、あなたはあなた』という感じで、より仲良くなれた」

「実際に会う人には二人きりで話して、まず、バイセクシュアル[注2]のことを言い、雰囲気がよかったらXジェンダーのことを言うという感じです。相手はびっくりしていたけど、必ず言われたのが『自分を責めちゃダメだ』と言われました。そして態度は変わらなかったです。」

「進学してからは、クラスメイトに『(自分の性自認は)・《てん》だから！』と主張(性別を選択する際の、男・女の間にある・《てん》のこと)。クラスメイトの一部は、女と認識しているけど面白がって、『おまえ、点だろ?』と言ってくれる子、『三人称はどうしたらいいか』と聞いてくれる子、『なに言ってんの?』と言う子、などがいます」

友人・知人の場合は、それほどショックを受ける様子がなく、驚いたとしてもすぐに否定より肯定の態度が目立ちました。どちらかというと淡々と事実のみを受け止めている印象があり、やはり友人・知人という立場のためか、身内に比べると、圧倒的に冷静な対応ができているようです。

もちろん、カミングアウトの前にある程度の信頼関係を構築していることが前提なのは言うまでもありません。

続いて、父親、親友、職場、兄弟姉妹などのケースです。

「父にはカミングアウトしてないが、下半身に入れている偽ペニスを見られたことがある。父は特に変化なし」

「父はピンときてない感じ、女扱いを平気で行う。姉は『なるほど、弟か妹か分からんけど、大事なきょうだいだよ』と言ってくれた」

「父親には不登校をしていた高校生の時に手紙でカミングアウト。父親は私にバレないように落ち込んでいたそう。親友には、当時やっていたブログが、とあるきっかけで知られて、（自分の）性指向

注2　バイセクシュアル（Bisexual）とは……両性愛者のこと。男性にも女性にも恋愛感情や性的欲求を抱くこと。

が少数派であることを知った上で、『仲良くなりたい』と初めて話し掛けられた。親友とは最初お互いにぎこちなかったが、今では何でも話せる一番の味方。職場の数人には元々なんとなく疑われていたようで、飲み会の時に迫られた為に酔った勢いで伝えた。だが、まだ男性が好きだとしか伝えられていないので、たぶんゲイだと思われている。職場の人は、女性陣は仲良くなってくれた気はしているが、男性陣には少し引かれている気はする」

「同僚には結婚について聞かれる事が増えたので、性自認が女性でも男性でもない事と、Aセクである事をカミングアウトした。以前から『結婚はしない』と話していたので、理由を聞いて『納得した』と言われた。上司には『胸の切除手術で会社を休むかもしれない』と相談した時にカミングアウトした。『今は昔より知られているからよかったね』や『仕事に性別は関係ないから気にしなくていい』などと言ってもらえた」

ここでも、身内である父親と第三者が相手では反応が異なりますが、父親の場合は実際に我が子の性自認から目を逸らせない状況に直面するまでは達観している様子もうかがえ、母親が受け入れられずに感情的に騒ぐのとは異なった様相を呈しています。

職場へのカミングアウトについては、本人の性別そのものの問題よりも、日ごろの人間関係や職場への貢献度などの方が重要視されているためか、カミングアウトする前に、まずはそういった下地をしっかり固めておくことも必要だろうと思います。

そして、カミングアウト後も、あまり職場に対して、性別に関する一方的な要求や、無理難題を押し付けるようなことは控え、まずはどうしても譲れない部分に絞って、相談という形で上司や経営者などに持ちかけてみるのが成功例の秘訣ではないでしょうか。

最後に配偶者や医療従事者へのケースです。

「個人経営の臨床心理士には、ずっと発達障害とイジメのトラウマでカウンセリングを受けていたが、女性扱いされる事が苦痛で、ある日、打ち明けた。臨床心理士からは『私も女性でいたくないと思ったことがあるのよ』と言われた（その後、詳細に説明して理解してもらったが、最初は『化粧とか面倒臭いよね』みたいな文脈で『女性でいたくない』と取られていたようだった）」

「配偶者には自分がXジェンダーだと気が付いて確信を持ってから、自分は『そうだと思う』と告げた。子どもの一人がＭｔＦで性同一性障害の診断がついており、私の性自認について聞かれた際に『Xジェンダーだ』と話した。配偶者は『受け入れられない』とのこと。『もし、体を変えるようなことをしたら、即離婚』と言われた。男っぽい格好をすること、ナベシャツを着ることなども、気に入らない様子。態度が以前にも増して悪くなった。子ども達は何も変わらない」

Xジェンダーの中では、出生時に割り当てられた性別で結婚している当事者も一割ほどおり、配偶者にとっては他人事ではなく、自分自身の人生も大きく左右する出来事だけに、カミングアウトもより深刻な問題へと発展するリスクが高く、何らかの形で解決するまでには、かなりの精神的疲労や相当の時間もかかるとみられています。

性同一性障害の当事者にも、出生時に割り当てられた性別で、シスジェンダーの男性や女性と結婚している人々がいますが、当事者がカミングアウトした場合、往々にして配偶者がシスジェンダーの女性よりもシスジェンダーの男性の方が受け入れがたいようです。

しかし、最終的には配偶者側がそれを受け入れることによって、その後も円満に続いていく家庭はありますので、どのような解決を望むかは、当事者の姿勢、配偶者の理解度、子どもの有無などが左右するとともに、パートナー間での十分な話し合いが大きな鍵を握ると言えるでしょう。

〈当事者インタビューI〉全盲のダブルマイノリティ・Xジェンダー・高山玲音さん

話し手：高山玲音《れのん》さん　FtX（両性）四十四歳
（視覚障害をもつダブルマイノリティ[注1]のXジェンダー当事者）

◆自分の中にとても混乱する二つの性別を持ってるのが私です

――早速ですが、高山さんは、男性と女性という二つの性自認をお持ちの両性Xジェンダーで間違いないでしょうか？

「はい、男性と女性の性自認を持っています」

――ご自身の性指向はどのように認識していらっしゃいますか？

「私の性指向はノンセクシュアルで、恋愛対象は女性です。ただ、自分で言うのも変ですが、かなり

注1　ダブルマイノリティ（Double minority）とは……少数派の中のさらに少数派に属する人々のこと。性別違和を抱える身体的な障害を負った人や、複数のマイノリティ要素を合わせ持っていて、より生きずらさを感じている人々のこと。

奥手で女性とは体の関係が持てません。

あと、私の男性の性自認は、同年代の男性には属してないなっていう漠然とした感覚があって、どちらかというと、自分では高校生ぐらいの若い男性かなと思っています。女性の性自認も、精神的には少女に近い幼い子どもだと、とらえています」

――なるほど。その二つの性自認は高山さんの中で常に同時に存在していますか?

「はい。例えば、色分けして、女性がピンクで男性が青だとすると、紫などのように混ざり合った色ではなく、身体の右側がピンクで左側が青というような感じです。

私の場合は、男性自認の方がやや優位になっていて、私の行動の原点は全て男性です。女性の性自認は、少し控えめに存在している感じです。ですが、私はぬいぐるみが大好きなので、もし今、目の前にぬいぐるみがあったとしたら、急に男性自認と女性自認の優位性が入れ替わって行動が変化することはあります」

――それは不定性とは違った感覚ですか?

「はい。どちらも同時に存在しているので、性自認が全て入れ替わるのではなく、どちらが優位であるかというだけです」

――男性としての性欲はいかがですか?

「女性には性的興味も少なからずあるんですが、恋愛感情とは結びついていない状態です。大切に思っている相手ほど手を繋いでいるだけで満足ですね」

――では、性行為が伴わない女性とのお付き合いに関してはどのようにお考えですか？

「私は両性として人を好きになるわけじゃなくて、男性として女性を好きになっている気がしています。ただ、そうなると女性の性自認の自分もいますので、そちらの性自認が取り残されてしまって独り身でないと無理だと思いますね」

――性欲についてですが、銭湯や温泉に行かれたことはありますか？

「仲間同士で温泉には行ったことはありますね。すごく緊張しました。裸の女の人が周りにいっぱいいると思うと微妙な気持ちになります。高揚した状態になって〝興味はあるけど、これは抑えなきゃいけない〟という欲望の葛藤がありますが、好きな人だと〝絶対この人に触れてはならない〟という神聖なものを扱うイメージになります。でも、あるところまで想像すると気持ち悪くなっちゃいますね」

――では、ご自身の身体が見えないことは、ある意味、救われていますか？

「見えなくても自分の体は嫌いです。触れると女性だってわかるでしょ。自分で触れると、強い嫌悪感でこの身体を捨てたくなります」

――さきほど、恋愛に関しては男性として女性が好きだと仰っていましたが、女性の性自認では男性に対して興味がありますか？

「男性は怖い存在ですね」

――男性に属したいという同族欲求がありつつ、そのもう一方で男性が怖いとなると、相反する性への心情がご自身の中にあって混乱しないですか？

「すごく混乱します。先ほど、自分の男性性は女性の体に少なからず興味があると言いましたけど、女性である性自認はそういう男性が怖いわけですよね。だから自分の中にとても混乱するこの二つの性別を持っているというのが私です」

◆おじさんの気持ちもわかるような感覚になってしまうんですね

――他に男性自認と女性自認の両方を抱えて混乱した時に対処していることはありますか？

「私が自分自身に向き合い始めたのが二年前の四十二歳からなんですね。二年前までは自分のことをXジェンダーだと認識していなくて、とにかく〝女性で生きるしかない〟と思っていました。その時は〝ややこしいことはなるべく考えないようにしていればいいんだ〟という発想でずっと生きてきましたが、自分に向き合うことにした二年前から混乱が顕著になってきたんです。やっぱり混乱すると苦しいものですから、一人になって心を落ち着かせるのが一番の癒しかなと思っています」

――そうなんですね。ところで、今はどちらの性別でお話されていますか？

「男性です。男性性で女性性のことも代弁しているという形ですね。私の中の女性性は、過去にいろいろあって心が傷だらけなんですよ。ですから、自分の女性性に向き合おうとしたときに色んな過去の記憶が蘇って辛くなるので、普段はその女性性を自分の心理の深いところにしまっています。いつも男性性の自分が女性性の自分を守っているという感覚ですね」

――そのように聞いていると、女性として辛い過去があったからご自身の中で無意識に男性性を作り出したのではないかという受け止め方もできますが、それは違うんでしょうか？

「違います。自分の中に男性性と女性性があると感じていたのは、そういった辛い経験をする前からですので」

――まれに、男性から性的な被害を受けていたことが原因で〝自分が男性になればそういう対象から外れるだろう〟という思考に繋がり、自分を〝男性だ〟と主張をする人がいますが、他の男性とトラウマになるような出来事はありませんでしたか？

「少なからず私たちみたいな障害を持っている女性や少女は、やっぱり男性から付きまとわれたり、性的被害を受けることがあります。私も付きまとわれたことがありました。ですが、私の場合、若い男性の性自認をもっているものですから、変なおじさんがつきまとってきた時に、おじさんの気持ちもわかるような感覚になってしまうんですね。だから、中学生の頃に、毎朝、自分のあとをつけてくるおじさんと喋っちゃうんですよ。つけてくる気持ち悪いおじさんなのに、おじさんの感情を考えると責めることはできないっていうのがありました」

——では、ご自身の男性性は、相手が例えば性的な悪戯をしてくるような人間であっても、やっぱり同性としての仲間意識がどこかで働くという感じでしょうか？

「そうですね」

◆服に関しては、ユニセックスか、男女兼用の格好がいいです

——では、ここからいよいよダブルマイノリティについてお伺いしていきますが、視覚障害は生まれた時からですか？

「はい、先天性障害です。四十歳になるまでは色や光が見えていましたが、その後、全盲になりました。今は全盲です」

——ご自身の顔も生まれた時から全く見たことがないんですか？

「見たことないです。だから今困っているのは美容院に行った時です。もし雑誌のヘアカタログが見

えれば〝この人みたいな感じにしてください〟って言えるけど、それが出来ない。あと、顔が見えないために、どんな服装をしたら自分に似合うのかが分からない。そういう悔しさはあります」

――今は女性の格好をしてらっしゃいますが、それはご自身で選んでいるわけではないんですよね？

「はい、違います。今は一緒には住んでいないんですけども、母親が買ってきてくれることが多いですね」

――そこでご自身の主張はされないんですか？

「主張して怒られております（笑）」

――ご自身で服を買いに行くというのは困難なことですか？

「ヘルパーさんの同行援護というサービスがあるんですが、この間、その同行援護のガイドヘルパーさんと一緒に雑貨を買いに行きました。ガイドヘルパーさんは年配の女性が多いので、やっぱり女性向けの雑貨売り場へ行ってしまう。それを制止しきれない私がいる感じです」

――素直な気持ちでは、男性と女性とどちらの格好が好きですか？

「そこが結構悩むところで、男の服装をしてしまえば女の自分にすごく違和感が出てしまうので、服に関してはユニセックスか、男女兼用の格好がいいです。ただ、雑貨に関しては、女性向けが好きです」

――高山さんの中では、男女それぞれの性自認で好みが分かれてるんでしょうか？

「そうですね。物によって変わる部分はあるかもしれないですが、女性の服装は絶対にイヤで、男の服は着たいけど、可愛い小物やぬいぐるみはオッケーで、男物の財布や雑貨はあんまりいらないかな」

◆視覚障害者の方に会ったときは自分からカミングアウトをしていますね

――わりと積極的に他のXジェンダーやLGBTの人々と交流はしてるんですか？

「いいえ、そこもちょっと挫折しまして……。ダブルマイノリティ的に挫折をしました。一時期は、何カ所かLGBTや性別違和をもつ人々の交流会にも行っていたんですけど、そこでもいくつかのハードルを感じました」

――それはどういうハードルですか？

「私の場合はガイドヘルパーさんに同行をお願いするんですが、行き先の目的を聞かれるんですね。なので、どうしてもまず同行援護の事業者にカミングアウトをしないといけないっていうのがひとつ。一人で行こうとしても、毎回タクシーを使うのは費用がかかります。あと、ほとんどの交流会は初対面の人ばかりなので、親しい人間関係が構築できていない状況で、帰りに〝駅まで一緒に行ってもらえませんか?〟というのもかなり気兼ねがあります。

毎回、集まる人たちが違ったりすると、相手の顔が見えないことで、〝この人はどういう人なんだろう〟とか、〝この人に話しかけていいのかな〟という空気感も分からなくて。

最初に行った自助グループで、私が隣の人に気軽に話しかけてしまったら、そのグループのリーダーさんから注意されたことがあるんですね。私たち視覚障害者というのは、隣の人がどういう人か知り合うために、隣同士で声を掛け合うってすごく大事なことなんです。挨拶とかね。そういうことを大事にしてる私たちなんですけども、〝話しかけてはダメです〟って言われたのが、なんだかそこに〝視覚障害者の団体にはない壁を感じた〟のと、じゃあ、隣の人がどういう人なんだろうということにも不安がいっぱいありました。

他にも、LGBTや性別違和をもつ人々の集まりへ行くと精神障害や発達障害の方はいらっしゃるんですけれども、視覚障害者にはほとんど会わなかったんですね。一人だけ弱視の方はいたんですけれども全盲の人にはほんとに会わなくて。とにかく孤立感がありました。

あと、皆さんLGBTや性別違和をもつ人々の交流会に行くと新宿二丁目の話が出ますよね。私はひとりで新宿二丁目には行けないので、そこでも話がついていけないことが多いです。

あと、これは、ある自助グループのリーダーさんから言われたことなんですが、〝ダブルマイノリティの人たちは、自ら活動に手を挙げるということがまだまだ少ないので、あなたが先頭に立って頑張りなさい〟と言われてしまったんですね。それは理想かもしれないけど、まだまだ自分も混乱している状態で、そんな風に言われてもなんとなく重荷で……。〝その前にまず心を許せる仲間が欲しい〟という気持ちが強かったですね。

ただ、個人的にダブルマイノリティの人々と出会った時には繋がりをもって支え合っていきたいと思っていますし、特に視覚障害者の方に会ったときは、できるだけ自分からカミングアウトをしていますね。

だから、先頭に立って自ら集団を作るのは難しいけれども、私の夢は個人的にそういう人々の心のサポートというか、ケアが自分でできたらいいなとは考えているので、今はそういう勉強を始めています」

◆Xジェンダーの人たちと出会ったのが一番嬉しかったです

――いまそのダブルマイノリティで困っていることはありますか?

「沢山あります。まずひとつめは、ホームヘルパーなど家庭での支援をしてくれる福祉サービスを受けるときに、役所から〝あなたは何ができますか?〟という質問をされて、答えていくんですけども、そこの項目にセクシュアリティのことはまったく入っていないので、自分が望む性別の物を買いたいという自由を獲得するには、自らカミングアウトをしないといけないという厳しい現状があります。そういう福祉のサービスを受けるにあたっての質問に〝性別を尋ねる項目〟というのを入れてもらいたいですね。

やっぱり関係者が自分の性自認を知ってくれるということ自体で心がすごく自由になります。

あと、私はいま中年になっているので更年期障害も始まっています。他にも女性特有の病気も持っているんですね。女性だからこういう症状になるんだというのを再確認させられてしまう苦しさと、更年期に伴う症状として気持ちも落ち込んできたりするんです。自分の性別に対してのストレスや障害者としてのいろんな社会的なものがのしかかってきて、たくさんの重圧の中で生きてますので、疲れもすごく溜まるし、思い通りに生きられないっていうのがとても多いです。

あとダブルマイノリティで辛いことは、やっぱりLGBTや性別違和をもつ当事者のグループの中で浮いてしまうというか、先ほどの孤独感のほかに、この障害に対する孤立感が出てきてしまうということもありますね。

実は、私もレインボーパレード[注2]にすごく行きたいんですけど、私はまだ行くことが出来ておりません。福祉のガイドヘルパーさんも、LGBTや性別違和をもつ人々のことに理解を示してくださる方や、できればLGBTや性別違和をもつ当事者のガイドヘルパーさんがいてくれたら何てラクなんだろうって思います」


――ご自身からネットなどを通じて〝どなたかレインボーパレードに一緒に行きませんか〟という呼びかけをされたりはしないんですか？

注2　レインボーパレードとは……LGBTをはじめとするSOGI《ソギ》の人々が一堂に会するイベントのひとつ。全国各地で開催されており、名称も異なる。「プライドパレード」や「レインボーマーチ」など。

「自分がその人に対して迷惑をかけるんじゃないかと思うと自分から誘うのはためらってしまいますね。私は白い杖を持って歩いているんですけれども、暴言を吐かれることが多くて。〝邪魔だ〟とか〝どけ〟とか舌打ちとか。日々そういう世間の態度をみていると、いかにして世の中に迷惑をかけずに生きていくかという消極的な姿勢に洗脳されてしまい、邪魔な存在になってしまうのかなっていう思いに駆られてしまうことがあって、相手がLGBTや性別違和をもつ人々であっても気兼ねしてしまいます。ですが、Xジェンダーの講演会とか行くと、みなさんすごく痛みを知ってる人たちだなという気がして、Xジェンダーの人たちと出会ったのが一番嬉しかったです」

◆家族に対してプラスになることはひとつもないなと思ったんですね

――ところで、ご両親にはご自分の性別やジェンダーのお話は一切されていないんですか？

「やっぱり親に迷惑かけたくない、親を悲しませたり困らせたくないというのがあって一切してないんですけども、家では男言葉を使ったりします。

でも、それは自分の個性として捉えられていてXジェンダーとか、そういう話はいまさら言わないほうがいいかなというのはなんとなくあります。私は母親のお腹の中にいた時に障害をおってるというのがあって、そのことで母親はすごく苦しみながら育ててきてくれたっていうことがありますので、こういう性別の混乱みたいなものを自分が抱えているということを話しても、家族に対してプラスになることはひとつもないなと思ったんですね」

――職場でもカミングアウトはしてないんですか？

「全然していないです」

――ただ、さすがに誰にも言わないで一生生きていくという選択は苦しいですよね。

「そうですね、友達にはカミングアウトしています。ただXジェンダーという存在を知らなかった二年前までの私だったら多分誰にもカミングアウト出来なかったと思いますね」

――カミングアウトはしても、両性だと何を社会に望めばいいんだろうという悩みは変わらないですか？

「そうですね。おっしゃるように例えばトイレとかね。私の場合は女子トイレを使っても全く平気なんですが、下の女性名を呼ばれたくないなという希望があります」

◆Xジェンダーだと証明するものが欲しいといつも強く願っています

「視覚障害者にはちゃんと障害者手帳っていうのがあるんですが、Xジェンダーには何にも証明するものがないので、私は自分がXジェンダーであることを証明するものが欲しいといつも強く願っています」

――証明するものというのは医師の診断書的なものですか？

「そこもすごく迷いがあって診断書をもらうのはいいんですけど、私は活字が読めないので、うちの家族がもし何かの機会にそれを見てしまったときにショックを受けないかなというのが悩むところです。だけど、そういう診断書をもらえることで、福祉サービスに活用出来るんなら貰いたいですね。そういうのがあれば福祉サービスを受けるときも、〝これです〟って見せればいい。そして、もっと高齢になって介護施設なんかへ行った時に、それを見せれば、どの性別の介護士を希望したいかを伝えられる手段になる。

あと施設に入っている性別違和をもつ人たちの服は職員が選んできたりするんですけど、そうすると自分の望む性別と違うものを選んでこられたりしているので、自分の性自認に見合った福祉サービスを手に入れたいっていう当然の欲求がありますね。でも今はその自由を獲得するにはカミングアウトしなければいけない、そのカミングアウトが口頭だとうまく伝わらない場合もあるので、できればこう、障害者手帳のような証明できるものがあればいいなっていう思いが私にはすごくありますね。正直言うと、この視覚障害よりXジェンダーの方が苦しいです」

――そうなんですか？　比べるものではないかも知れませんが、なんとなく目の不自由な方は直接、社会で生きる上で大変そうに思えるんですが。

「いやいやいや。目の方は今は便利な機械とかサービスもありますし、障害者団体で仲間もいっぱいいますが、Xジェンダーってやっぱり周りから認知してもらうことが難しい。生きるという面で言えば、このXジェンダーの方が生きづらいですね」

――Xジェンダーの人たちは、Xジェンダー同士であっても、その多様性が邪魔してお互いになかなか共感できないという人たちが多いようですが、それでもやっぱり仲間意識は持てるものなんですか？

「分からないです。たぶん本当の同一的な仲間っていうのは一生持ちにくいんだと思います。もしかすると、それがXジェンダー特有の苦しさかも知れないですね。

私の場合は、ダブルマイノリティですから、どちらかの輪に入ると、どちらかが邪魔するんだなって気づきましたね。視覚障害の団体に行けばXジェンダーだという孤立感があるし、Xジェンダーの方に行けば視覚障害で孤立感があるし。どこかで折り合いをつけていくしかないのかなという気持ちから、〝せめて福祉関係者は知っててよ〟という思いで、やっぱりその証明書という発想が出てきてるんだと思います」

◆性別違和をもつ自分を社会に溶け込ませていくってのはすごくエネルギーがいりますよね

――ダブルマイノリティとして社会に何か感じることはありますか？

「私は障害をもつ社会人として働いてますが、それだけで世の中けっこう美化するんですよね。〝あの人は頑張ってる人だ〟ということでね。〝勝手に美化するなよ〟と言いたい毎日です。人によってはそれが励みになるという場合もありますが、私はそれが重荷になるほうが多いかな。有名な視覚障害者のピアニストが出てくると〝あなたも耳がすごいんでしょう?〟とか平気で言われますね。そういう社会の誤解を解いて、さらに性別違和をもつ自分を社会に溶け込ませていくのはすごくエネルギーがいりますよね」

――まあ、世の中はハンデがあると美化しがちですよね。

「そうですね、だからありのままを伝えるってやっぱり大事だと思います」

――最後にこれだけは伝えておきたいことはありますか?

「今、LGBTや性別違和をもつ人々の自助グループに行っても若い人たちが多い気がしています。なんか若者中心になってないかなと感じるところがあるので。今の四十代以上の中年Xジェンダーたちや障害のある人たちは、ネットや社会の中で取り残されていたり、いまだに声が上げにくい環境にもいるので、そういう人たちの存在も忘れないで欲しいです。

相談機関でも担当者がハンドル名を使っていたりすると、〝こっちが本名を名乗ってるのに〟と思ってしまって、やっぱり中高年者たちからすると信頼感という面でどうかなって疑問を持ちます。とくに視覚障害者の人たちは電話がとてもいい手段になるので、メール相談だけでなく、そういう些細な配慮も相談機関にして欲しいですね。

とにかく、今の中高年者たちも含めて〝みんなで生きやすい世の中にしようよ〟というのを伝えていきたいです」

――そうですね。年配者よりは未来のある若者たちを救わなきゃっていう風習は強いですよね。

「そうなんです。〝ちゃんと年配者も救ってよ〟と思います。特に中高年者だと、過去から長年引きずってきた苦痛がきっかけになって更年期で酷い症状がでたり、鬱になったりする人もいるのに〝私たち年配者の性別違和は社会にあまり深刻に捉えられてないな〟って思うときがあります」

――ほんとにそうですね。本日は貴重なお時間を頂きありがとうございました。

「ありがとうございました」

第四章　Xジェンダーと社会共生

Xジェンダーの人々は、自己の性自認がXジェンダーとして確立されているケースであっても、具体的に社会には何を望んでいるのか、また、どのように自己を受け入れてもらえば良いのかがハッキリと示せない人々も珍しくありません。

中には、自分がXジェンダーであることを知っておいてもらえば、あとは特に「社会に対して何かをして欲しい」や「こう扱って欲しい」という要望を持たない当事者もいます。

しかし、ただ、知っておいてもらえば、生まれたときに判定された性別で扱われても構わないということではないと思います。

だとすれば、そこには「(Xジェンダーであることを)知っておいてもらうこと、イコール、男女という二分された性別では扱わないで欲しい、あるいはそれを強要しないで欲しい」という社会への暗黙の願いが隠されているのではないでしょうか。

1　性別の規範《ジェンダーロール》と性別の偏見《ジェンダーバイアス》

「規範」とは、行動や判断となるものの手本または模範とされています。そこには強い期待も含まれています。

性別の規範とは主に「女性らしさ」「男性らしさ」に対する期待や、性役割における男女の手本となる行動などを指します。規範には「こうあるべきだ」という強制に近い意味が含まれているのです。

身近な性別の規範は「男性は社会に出て働き、女性は家庭を守って育児に専念すべきである」など、従来「男はこうあるべき」「女はこうあるべき」というステレオタイプとして求められてきた姿がありますが、それらの規範となる振る舞いから外れると周囲からは偏見の眼差しで見られてきました。

その偏りを「バイアス」と言い、ジェンダーバイアスとは、社会的・文化的性差別あるいは性的な偏見を指します。

行動においては、女性が胡坐《あぐら》をかいて座ると「女の子がそんな格好をするなんて、はしたない」と眉をひそめられたり、男性的な言葉使いをすると「乱暴な言葉使いをするな」とたしなめられる場面を経験したことがある人も多いかと思います。

あるいは男性が人前で泣くと「男のくせにメソメソするな」と叱られたり、重い荷物を運べないと「こんなこともできないのか」と呆れられることも珍しくありません。

また、職場においては特に男性と女性の扱いの差というのは顕著で、女性が仕事上において自分の意見を主張すると「自分の意見を曲げない頑固な人」とマイナス評価をされるのに対して、男性は「芯があって自分の信念をしっかり持っている人」という真逆のプラス評価をされることが、ある調査などで知られています。

他にも、男性が女性上司の元で働いていると「男らしくない」と見下されたり、育児休暇を取ることもまだまだハードルが高く、周囲の理解も乏しいのが現状です。

Xジェンダーの当事者も、周囲からそのような扱いをされ、ますます性別二元論という社会に対して不快感を露にした人もいるかと思いますが、それらの扱いに不満を抱いているのは、Xジェンダーの当事者だけではなく、シスジェンダーの男女であっても、性差別という偏見には耐え難い屈辱を感じているのです。

人はすでに幼い頃から、性別については折に触れ、様々なものから規範的な影響を受けています。例えば親や身近な人たちの言動から、あるいは本やテレビなどの映像から、街や家の中で目にしたり触れたりするものには意図的であるかどうかに関わらず、性別と結びついているものが数多くあります。

もちろん、性別に関する認識は各々の家庭の考え方や育て方の環境などによっても多少異なってきますが、一般的に共通して取り上げることができるのは、幼児期に読み聞かされる絵本などが良い例ではないかと思います。

それら日本に古くから伝わる物語の中にジェンダー規範とも言える行動がお手本として載っていて、無意識に刷り込まれていることもあるのです。

そのため、特に昔話を代表する「桃太郎」[注1]などは、しばしばジェンダーに関する問題として槍玉にあげられ、男女共同参画のプロパガンダとしても利用されています。

翁《おきな》は山で芝を刈り、嫗《おうな》は川で洗濯をするという役割が当然のように描かれていることで、それらが昔ながらの男女の性別の規範であると捉えるのは自然ですが、では、単純に翁と嫗の社会的な性役割を入れ替えれば問題は解決するのか、と言うと、やはりそのような単純な問題でないことは明らかです。

なぜなら、例え性役割を入れ替えたところで、それが定着してしまえば、今度は翁が川へ洗濯に行くことや嫗が山へ芝刈りにいくことが規範として成り立ってしまうからです。

性役割とは各々の性別に縛られず、自分に適した作業を自分で自由に選ぶということが求められて然るべきであり、翁が嫗と一緒に協力し合って生活を営めれば、翁は山へ芝刈りに行っても、川へ洗濯に行ってもどちらでもいいのです。

ですが、もう一つ難しい問題は、このような性役割における性別の規範が代々受け継がれてきた歴史には、体力などをはじめとした生物学的な性別の差異を無視することができない側面も抱えているからです。

また、伝統を重んじるようなスポーツや芸能には、まだまだ女人禁制のしきたりが残っており、昨今では随分と寛容になってきたとはいえ、性別による男女の隔たりはあって当然のことなのだとする風習は日本にも根強く残っています。

そうした性別の規範は、性別に違和感を抱く当事者の間でも、性同一性障害か否かで捉え方が大きく違っています。性別二元論で成り立っている性同一性障害の場合は、その「男らしさ」や「女らしさ」を求められることは、むしろ悦びであり、そのように規範に則ることが自分たちの心の性別を周囲に認めさせることのできる数少ない方法の一つでもあると考えています。

事実、ＦｔＭにしても幼少期には活発でサッカーや野球が好きであったとか、ＭｔＦにしても化粧品や可愛いものに興味があると答える当事者は後を絶たず、性別の規範に対して模範的な回答が目

注1　プロパガンダ（Propaganda）とは……特定の思想によって個人や集団を意図した方向へ誘導しようと仕向ける宣伝活動のこと。

立ちます。

しかし、同じような性別違和を抱える当事者であっても、Xジェンダーの場合は、まったく正反対で、そのような性別の規範こそが、Xジェンダーを苦しめる要因のひとつになっていると言っても過言ではありません。

性別の規範は「性の多様性」を真っ向から否定し、ジェンダーバイアスによる差別や無理解を産むだけでなく、Xジェンダーの存在そのものを脅かすことにもなりかねないのです。

Xジェンダーが「本来の自分らしく生きるため」には、こういった性の規範とどのように向き合うかが、課題の一つではないでしょうか。

2 性別による社会的な役割分業

世の中には様々なジェンダー論が溢《あふ》れていますが、Xジェンダーにとっては、多くの当事者が身体の治療よりも社会的な扱いについて自分の望む性別を希望することから、Xジェンダーの性別の扱われ方や社会的な立場を考えるとき、ジェンダーフリーやジェンダー・イクオリティ[注2]などの思想も無視することはできません。

ジェンダーフリーという言葉は和製英語で、日本では英語圏とは異なり「性別による社会的な役割分業」に対して「自由である」や「束縛がない」という意味で使われています。

もともと、ジェンダーフリーと言う言葉自体は、アメリカから入ってきましたが、アメリカなどでは「フリー」という用語は、アルコールフリーなどに代表される「～がない」という意味合いが強く、ジェンダーフリーという言葉は「性別がない」という解釈として使われており、言葉自体は、否定的な意味合いとして用いられているようです。

そのため、日本では誤った解釈がなされたまま「固定的な性別による役割分担にとらわれず、男女が平等に、自らの能力を生かして自由に行動・生活できること」という意味で使われるようになっています。

しかし、ジェンダーフリーの思想には日本でも賛成派（ジェンダーフリー派）と反対派（バックスラッシュ派）の間で主張や捉え方が異なっている部分があったり、その他の思想（ジェンダーレスやフェミニズムなど）と混同して語られる場合もあり、双方の主張はすれ違っています。

しかし、いずれもジェンダーフリーが、〝社会的性別（ジェンダー）に対する一般通念にとらわれず、自分の生き方を自己決定出来るようにしようという、「固定的な性役割の通念からの自由を目指す」思想〟［ウィキペディア online: wiki/ジェンダーフリー　Sep. 29, 2015, 04:20 UTC］を掲げているということでは一致しています。

バックスラッシュ派の主張は、そのジェンダーフリーの思想から、実態が大きくかけ離れてしま

注2　ジェンダー・イクオリティ（Gender equality）とは……男女平等にあたる言葉。性の平等。

っているということや、ジェンダーレス思想と被《かぶ》っている部分に関して批判しています。

ジェンダーフリーを奨励する目的で発達したジェンダーチェックというものがありますが、そこには「男は仕事、女は家庭、は正しいと思うか」という問いをはじめ、性別による社会的な役割分業に対しての質問が幾つか用意されていますが、バックスラッシュ派からすると、これらの質問がイエスかノーの二択でしかないところにすでに「性役割の多様性を認めていない」としているわけです。

また「性別は生物学的要素を多分に含むものであるから皮膚の色や目の色、出身や民族や宗教思想などの要素と同一に取扱えないものであり、差別ではない性差による区別は否定するべきではない」と批判しています。

一方で、ジェンダーフリー派は、そうしたバックスラッシュ派が「ジェンダーフリーの意味を曲解して、挙句にジェンダーフリーが〝男女同室の着替え〟や〝男に無理矢理スカートを履かせよう〟などの極論を唱えていると誤認させている」と非難しています。

ジェンダーフリー派は「〝男／女はこうあるべき〟や〝男／女らしさ〟といった規範からの解放を訴えているものであり〝ジェンダーフリーだからこうするべき〟という逆規範は唱えていない」としています。

このように、Xジェンダーに限らず、シスジェンダーの男女の中でも、古くから男尊女卑などの性差別や、性別における役割分業に対しての互いの不利益や批判などから、ジェンダーに関する様々な推進運動や試みが行われてきたことは事実であり、社会的な性別役割分業による扱われ方に悩み、苦痛が生じるのは性別違和を抱えたもののみに限られたものではない、ということは、性別違和を抱える皆さんにも改めて認識していただきたいことでもあります。

具体的にジェンダーフリー教育でも様々な取り組みがされてきた過去がありますが、女子のブルマ廃止や、ランドセルの色を男女で黒と赤に分けることがなくなったことに関しては、一定の評価をしたいと思う一方で、先に挙げた性別による一人称の違いや敬称である「さん」「くん」付けの問題などは、なかなか社会への浸透が難しい側面もあることは否めません。

また、ジェンダーフリーとはいえ、兵頭貴子氏も次のようなことは男女混合でなくても良いと答えています。[『ジェンダー』の危機を超える！ 徹底討論！ バックラッシュ』一二六頁、1、「ジェンダーフリー」教育の現場から／兵頭貴子」

・妊娠・出産に関するリプロダクティブ・ヘルス・ライツ[注3]
・更衣
・風呂
・トイレ

注3 リプロダクティブ・ヘルス・ライツ（Reproductive Health and Rights）とは……性と生殖に関する健康と権利。すべてのカップルと個人が自分たちの子どもの数、出産間隔、出産する時期を自由にかつ責任を持って決定でき、そのための情報と手段を得ることができるという権利［日本国際保健医療学会／国際保険用語集より（抜粋）］。

つまり、男女混合の更衣室などの設置を促すことはジェンダーフリー教育ではない、ということです。

もちろん、ジェンダーフリーの考え方とXジェンダーの問題はイコールではありませんし、現実的に男女という生物学的な区別が存在する以上、なんでも性差を無視することがXジェンダーのために必要という考え方は、いくらXジェンダー当事者であっても少々乱暴であるということは理解できると思います。

当然ながら、ジェンダーの垣根をなくすということには限界がありますし、ジェンダーフリー教育が広まることによって、Xジェンダーには男女の性差を意識せずに済む場面が増えることは明らかですが、**平等を無理やり強制する行為もまた逆差別であるとの考えが存在する**ことも、無視できません。

性の多様性への理解とは、LGBTやGID、XジェンダーなどのSOGIの人々を認めて受け入れるだけでなく、異性愛者や男女二元論などの人々も含めてすべての性の多様性を考えて、どの性別や性指向の人であっても皆が虐げられたり強要されたりすることのない状態であることが望ましいのです。

ですから、SOGIの人々だけが快適であっても、それはまた違う面で問題がある世の中になってしまいます。

それらを踏まえて、シスジェンダーとXジェンダーが、そのちょうど良い匙加減を探りつつ、お互いの心地よい状態で折り合いがつけられることが、双方にとって真の社会共生と言えるのではないでしょうか。

3　Xジェンダーの就活と雇用

ＬＧＢＴの放送で有名なＮＨＫの「ハートネットＴＶ」では、二〇一五年四月三十日、ＦｔＸ当事者の中島潤さんが、ある企業において、男性でも女性でもないという性自認をカミングアウトして就労しているという内容が放送されていました。

これまでXジェンダーの人々は、男女という枠にはまることが難しい状況の中で、いかに男女二元論の一般社会の中で自分らしくあり続けるか、また、周囲に自分の心の性を受け入れてもらうか、という課題を抱えて苦悩していましたが、中島さんの行動は、そこに新たな希望の光を与えてくれたのではないでしょうか。

入社時からＦｔＸをオープンにしてきたという選択は、とても勇気のいることだと思います。そして、ご本人の前向きな行動力の結果、周囲の理解に恵まれ、他の当事者にとっても非常に頼もしい事例となりました。

全員がこのように嬉しい結果になるとは限りませんが、皆さんもほんの少しの勇気があれば、中島さんと同じようにXジェンダーとして就職できる道が開けるという可能性を示唆してくれた大変貴重な内容であったと思います。

Xジェンダーの場合は、よく「何を社会に求めているのか」ということが明確に伝えられないまま、当事者自身が諦めてしまい、企業や職場へのカミングアウトをせずに我慢していることもあります。

特に職場などで、性別に対してニュートラルな扱いを望むのは、業務とは関係ないところで周囲へ精神的な負担をかけてしまうのではないかと遠慮してしまうこともありますが、そのような不安や心配も、まずは一人で抱え込まず、面接などで一度事前に担当者へ相談してみるなどの手段を講じてみることは、無駄ではないと思います。

ましてや、面接は企業が人材の採用を決定するために行うものであると同時に、当事者にとっても、その企業で自分が安心して長く就労できるかどうかを見極める大事な機会でもあります。

ですから、これから就職や転職を控えて、自分の性別の扱われ方に悩んでいる人は、そのことを頭の片隅において、ぜひ、本来の自分で企業に受け入れてもらえるよう、誠意をもって担当者に伝えてみてください。

中島さんの後に続く当事者が増えることで、きっと、さらにXジェンダーにとって生きやすい世の中を築いていける手助けにもなるでしょう。

皆さんが、一人でも多く、ありのままの自分として社会で活躍できることを、影ながら応援し、楽しみにしている同じXジェンダー当事者が大勢いることも忘れないでください。

中島さんがご出演されていた回の放送内容について、詳しくはインターネット上で公開されている左記のページアドレスも参考までにご覧いただけると、よりリアルな手応えが感じられるかと思います。

ハートネットTV　WEB連動企画〝チエノバ〟
――「LGBT〝理解者〟になれますか?」――
NHK　Eテレ　二〇一五年四月三十日（木）放送、二〇一五年五月七日（木）再放送
http://www.nhk.or.jp/heart-net/tv/summary/2015-04/30.html

4　Xジェンダーを含む当事者団体の活動

日本では、Xジェンダー当事者が主体になって活動している団体は、まだまだ数少ないのが現状ですが、そのような中でも幾つかの団体では、FtMとFtXや、MtFとMtX、あるいはLGBTとXジェンダーなど、マイノリティの活動の一環として、Xジェンダー当事者を取り上げ、積極的に活動をしているグループがあります。

日本でXジェンダーに当てはまる性自認の人たちに関する活動グループであるレインボー・アクション（現：特定非営利活動法人レインボー・アクション）Xラウンジのチーフ、濱川敦材《はまかわあつき》さんは、二〇一三年五月二十七日（月）に、レインボー・アクション（現：特定非営利活動法人レインボー・アクション）の運営メンバーのみなさんと一緒に、当時の参議院議員に陳情を行いました。

濱川敦材《はまかわあつき》さんらが実際に手渡したのは「日本でXジェンダーに当てはまる性自認の人たちにまとめられる男でも女でもない性自認についての要望書」というもので、その中で、特に「男でも女でもない性自認について議会やメディアなどの取材の際に取り上げて欲しい」ことを伝えました。さらに、もしも、取り上げてもらえるとするならば、次のようなことを取り上げて欲しいと訴えたのです。

・日本でXジェンダーに当てはまる性自認の人たちがいること
・日本でXジェンダーに当てはまる性自認の人たちの中には、男と女とは違う性自認を社会的に認めてほしい人がいるということ
・行政上の書類の性別欄を無くす
・戸籍上の性別を無くす（無くすことができないのであれば、中性・両性・無性・不定性・不明なども表記できるようにしてほしい）

この四点です。

この要望書は、二〇一三年五月時点で濱川敦材《はまかわあつき》さんがご自身で得ていた日本でXジェンダーに当てはまる性自認の人たちに関する情報に基づいて、お一人で作成したものですが、「行政上や戸籍の性別をなくしたい」という要望は、日本でXジェンダーに当てはまる性自認の人たちにとって、共通の大きな願いのひとつでもあると思います。

Xジェンダーにとっては、自身の性自認を説明することそのものが困難な人も多く、また、「自分たちの存在を知ってもらえるだけで良い」と考える当事者もいる中で、社会に対し、声高に何かを訴えるという行動は、なかなかハードルが高い面もありますが、こうしたXジェンダーを含む当事者団体の地道な努力が行われていることを知ると、Xジェンダーのみなさんも一層心強いのではないでしょうか？

そして、このような活動こそが、Xジェンダーの歴史にとっても近い将来に大きな成果をもたらしてくれるであろうと心から待ち望みたいと思います。

〈当事者座談会〉三者三様のXジェンダー談話

参加者（いずれも年齢などは二〇一五年七月当時）
呉崎《くれさき》あかねさん　MtX　両性　三十二歳（MtFの奥様がいる）戸籍上は夫。
諏訪崎龍《すわさきりゅう》さん　MtX　両性　三十九歳　独身。
藤本《ふじもと》つばささん　FtX　二十歳　学生。

――本日は皆様、お忙しいところお集まりいただきまして、ありがとうございます。早速ですが、はじめに自己紹介をお願いいたします。

呉崎　「呉崎《くれさき》あかねと申します。属性はMtXの両性です。自分の中で男性的な自分と、女性的な自分がいて、共存しているという感じです。仕事のときはスーツを着て、ネクタイをしめていて、休日に女装をすることで今はなんとか我慢していますが、今後のことはどうしようかなという感じです。性対象は自分を女性として見てくれる人なら誰でもかまわないという感じです。現在は結婚しています。妻はMtFです。MtFとMtXの夫婦ということになります。一応、戸籍上は夫として入籍しています」

諏訪崎　「諏訪崎龍《すわさきりゅう》という名義で活動させていただいております。一応ここでは龍という名前で呼んでいただいて結構です。年齢ですが三十九歳。MtXの両性です。ただ、具体的にどういうことなのかというのは、おいおい話すことにします。あかねさんとはちょっとタイプが違います。MtXの両性ですけれども、別に女装とかは全然してなくて、一般生活でも男性として生活しています。未婚、独身です。恋愛対象ですが、具体的にはデミセクシャルになるんでしょうか。女性だけにしか恋愛対象は向かないんですけれども、本質的にはデミセクシャルということでお願いしたいと思います。ちなみに仕事はソフトウェアの開発者をしております。本日はよろしくお願いします」

藤本「藤本《ふじもと》つばさです。二十歳です。私は身体も女性で、高校時代までは中性として一人称は僕だったんですが、つい最近まで付き合っていた恋人が男性で、彼女を求められて、すごく女らしく振る舞うのが身についていて、自分がどっちなのか向き合って考えると、よく分からないというか、どっちかに分かれる必要性もよく分からないんですが、今は社会的にもすごく便利なので、女性としてふるまっています。恋愛対象は男女どちらでもです。彼女がいたこともありますし、彼氏がいたこともあります。今日はよろしくお願いします」

――呉崎さんと、龍さんは両性で、つばささんは不定性ということでしょうか。

藤本「最近は考えないようにしています。考えるとすごく苦しいというか、どうしていいのかよく分からないので。まず、男と女がハッキリ区別される社会の構造にも納得いかなくて、自分が女だって扱われるとなんか気持ち悪いっていうか。医療系だったら肉体構造が違うから仕方ないのかもしれないんですけど、関係なさそうなアンケートに性別欄があると気に食わないと思いつつ、いちおう女ってつけていますが、あんまりどっちって分からないです」

――呉崎さんの自認されている両性というのはどういう状態ですか？

呉崎「自分の中に二つの性別が住んでいて、しかも突然切り替わっちゃったりするんですよ。自分でも制御できなくなったりもするので。最初、女装を始めたころは趣味の女装だと思っていたので、今思えば、女装しても心は男性だと思いたかったんだと思いますね。境界線があって、ここは超えちゃいけないみたいな。だけど、やっぱり女装をしていくうちに、だんだん女性の心もあるっていうことを自分の中で認めざるを得なくなっちゃって」

――龍さんはどういう感じですか？

諏訪崎「両性なんですけれども、あかねさんとはちょっとタイプが違いまして。私の場合、精神構造が二層構造みたいになっていて、簡潔に言うと意識レベルでは男性なんですけれども、無意識といったらいいんですかね？　潜在意識レベルが丸々女性という精神構造になっていまして。どうも生まれた時から元々そういう精神構造だったみたいです。後になってから気がついたんですけど。ただ、大きな違和感はなく、小さいころは女の子と一緒に女の子の遊びもしていました。そのうち小学生になって、女の子は女の子同士で遊ぶっていう流れで、だんだん男の子の世界の方にずっといることが多くなって。結局、その時はまだ不自由も感じてなかったので、自分がXジェンダーであることを全く気づかずに男子校へ行って、大学に行って、社会人になっても会社は男性ばっかりの職場で、それでも気づかずにきて、自分がXジェンダーであることに気づいたのは今から二年前です。そんなに遠い話じゃないので、あかねさんとはちょっと違うのかな、と」

――両性の中にもパターンがいろいろあるんだな、と思うのですが。

諏訪崎「ですね。一言で両性といっても、私の目から見て、他の方は理解の及ばないところにいるっていうのが、かなり頻繁にあるわけで、お互いそうなんじゃないかなと思っているんですけども、どうでしょう」

呉崎「両性以前にXジェンダーですけど、Xジェンダーとか、中性、両性って言葉自体が自分を説明する一つのツールであって、相手が『両性です』って言っても『両性にも色々いるみたいだけど、あなたの場合は?』っていう、そこを深く聞いてあげないと、『じゃあ、きっとあなたはこうなのね』って安易に言っちゃいけない気がするんですね。だから私は両性ですけど、龍さんも両性。でも、どう見ても違う。だからといって私は別に相手を否定はしないし、でも、自分は曲げない」

諏訪崎「で、私も否定しません」

藤本「というか、それぞれ一人ひとりの人間であって、それぞれの個性。だって人間みんな考え方も違って視点も違うから、きっと性別うんぬんの問題じゃなくて、その人の考え方というか生き方なんじゃないかな。似ている人はいるかもしれませんけど」

呉崎「一人ひとり本来は違う。だから、本当のことを言うと、みんなマイノリティなんですよ。みんながマイノリティだけど、社会を作っていくためには、集団に属さなきゃいけない。そしたら集団に属す人が、マジョリティになっていく。マジョリティの正体っていうのは、実は自分をマジョリティだと信じたい人だと思うんです。これは私の考え方ですね。だから、こう言うと酷いと思われるかもしれないけど、結局のところ、ハッキリ言ってしまうと、マジョリティはマイノリティに対して差別意識を持っていて、『自分はこいつらよりはマシだ』と思うことで、プライドを保っている。

でも、じゃあ、一方マイノリティはどうかっていうと、『自分たちを差別する奴らよりも自分はマシだ』と思っている。これが社会の構造だと思うんですね、残念だけど。

やっぱり生きて行くためには、マジョリティ社会に入らなきゃいけない。だけど、マジョリティ社会はマイノリティを排除したり、のけ者にしたりすることで、集団意識を保つっていうやり方はもう古いし、歴史的に見ても昔からそうだったのかもしれないけど、もうやめなきゃいけないって思うんですね。だから、マジョリティ社会がいかにしてマイノリティを受け入れるか、マイノリティだからって差別もしちゃいけない、追い出してもいけない、受け入れたフリをして、実際は、のけ者にしてプライドを保つってやり方もいけない。マイノリティを受け入れる側、マジョリティの側が、どうしたらマイノリティの人たちを受け入れていけるだろうっていう風に考えていかないと。で、マイノリティの側も権利ばっかり主張していたら、やっぱりこの人たち面倒くさいって扱いになっちゃうので、色んなマイノリティの人がいるけども、例えば、障害者であれば、駅をバリアフリー化すれば行動面ではマイノリティではなくなる。これは、マジョリティ社会が受け入れる態勢を作ったから、バリアフリーっていうのが進んでいくようになった。高齢者だってそうだし。例えば、視覚障害者であれば、点字ブロックだとかそういったものを作っていけば、やっぱり行動面でマイノリティではなくなる。マジョリティ社会にやっぱり皆入らなきゃいけない。『じゃあ、私たちはどうなるのかな？』って言ったら、『私たちは、こういう人間なんです』っていうのを、まず知ってもらわなきゃいけない。まだ時代はその段階だと思います。だから、最初マジョリティ社会は受け入れがたいと思います。『なに、この人たち。わけ分かんない』っていう反応に絶対なるんだけども、それでも『こういう人間がいるんだ』ってことを、訴えていかなきゃいけない。

マイノリティの側も、マジョリティ社会を脅迫しちゃいけない。『受け入れるのが当然だろう』じゃなくて、やっぱり『受け入れていただいてありがとうございます』って気持ちを持たなくちゃいけなくて、結局、そうやって社会を上手に作っていくには、マイノリティを排除するのもないし、ましてや、マイノリティであることを忘れさせるわけでもない。マイノリティはマイノリティとして『この人たちを、マジョリティの一部にするにはどうすればいいか？』っていうことを考えていくっていうのが、これからの時代に目指すべき社会の構造だと思ってる。これが私の考え方です」

――龍さんはどうですか？

諏訪崎「世の中は、大多数のマジョリティの方々によって都合のいい、生きやすい社会でできていますんで、我々Xジェンダーは肩身の狭い思いをしているわけなんですけれども、そこを『なんとか居場所をちょっとでもください』っていうのが我々Xジェンダー共通の想いなのかなって感じています」

――『Xジェンダーとは何か？』を知ってもらった上で居場所を確保する、というのはなかなか難しいと思うのですが、そのあたりはいかがですか？

諏訪崎「あかねさんはこんな人ですけども、やっぱりシスジェンダーの男性から見れば、『あかねさんは、男だろ』っていう人は少なからずいるんじゃないかなって思います。逆にFtXさんに関してもたぶん……、つばささんのことも見た目が女性だから、女性扱いしかしないシスジェンダーの人も多いんじゃないかと思います。

だから、それに対してつばささんは『なんで？』と疑問に感じたりするんじゃないかなって私は思うんですけれども、それはXジェンダーに対して、周りのシスジェンダーの方が、私たちにどうしても理解が及ばないっていうのがあって、お互い理解できないところっていうのは、どうしてもあるんじゃないかなって思ってます。いくら頑張っても溝は埋まらない。ジェンダーの壁というか、Xジェンダーとシスジェンダー、男女の方々の壁みたいなものっていうのを、私自身感じていまして、ほかのXジェンダーの方も多かれ少なかれそういうところがあるのかなって思ってます。

でも、昔から性別二元論みたいな男と女の切り分けっていう考え方がありますけれども、そういう人たちにとって、私たちXジェンダーは、たぶん恐らく変な人々に見えるわけです。でも逆に私たちから見ても、恐らくシスジェンダーの男性や女性の考えることや気持ちというのは、理解できない事って結構ありますね」

藤本「今はそんなことないんですけど、昔は、自分を『男性だ』『女性だ』って言い張ってる人を見ると、ちょっと短絡的な頭の作りというか、見下してたっていうか、刷り込まれたことをそのまんま考えて、社会に乗せられている人なんだなとしか思えない時期がありました。

今は、身体の作りに適合してるんだなって分かるんですけど、なんでそう短絡的に『女だ』『男だ』って考えに至るのか、ちょっと私には分かりませんでした」

――あるFtXの人から『どうしてご自分のことを男だと思うんですか?』と尋ねられたことがあって『それは本能だからだよ』と答えたら、そこですごく衝撃があったらしくて『え、なんですか? 本能って』と聞かれて。『自分を男と思うか、女と思うかは、直観的なものであって、好き嫌いという好みでも、こう思うとか、ああ思うという思考でもなくて、感覚的な部分に由来するものだよ』と答えたんです。『本能的に自分は雄だなっていう動物の勘みたいな、なんとなくそれがあるから自分の性自認は男なんだ』という話をしたら、そのFtXの周りの子はみんな『自分は小さい頃から男物(玩具や服など)が好きだから』や『胸や生理がイヤだから』という好みや嫌悪感のことばかり言っていて、それまでは、てっきり『それが、みんなの性自認の判断基準なんだ』と思っていたらしいですが、その話で『そうじゃないんだ』ということに気づいたみたいです。

呉崎「私の妻もそうです。感覚的に自分は女性だとハッキリ自覚しています」

諏訪崎「確かに性自認は理屈じゃなくて、感覚ですよね。私の場合は、自分は男性のカテゴリにいないってハッキリ自覚して、それでXジェンダーであるっていうことに気がついたんですけど、その自覚するきっかけは、それまで全然なかったですね。

例えば、欲しいものがレディースのコーナーに何故か置いてある。レディースのコーナーに置いてあるものが欲しいんじゃなくて、自分が欲しいと思っているものが、女性用の置き場にある、みたいな。『なんでかな?』って思ったことがしばしばあったんですけれども、自分の好みのせいなんだろう、と。他にも、男用の海水パンツを穿くのがなんか嫌だったたんですよ、ブリーフみたいな。出るところは出るんで。それも単に好みの問題なのかなって思って。あと、社会に出て、例えば工場で仕事すると、ほとんど男社会じゃないですか。上下関係の軍隊的なところもあるような社会っていうのが、私は非常に苦手で。それ以外にも修学旅行の男風呂も苦手でした。

でも、やっぱり単に好き嫌いの問題だとずっと思い込んでました。あと、どういうわけか自分の声が嫌いで、それも理屈では何故かが分からない。

男性の声を女性の声に変えるようなボイスチェンジャーがあって、お恥ずかしい話なんですけれども、二年くらい前に、たまたまそのボイスチェンジャーなるものを試して、それを使って聞いた声が自分の声だって理屈なしでパッと分かった瞬間に、自分が今まで思っていた『自分は男性だ』って認識が、ガラガラと崩れてしまって。

やっぱり理屈じゃ、ちょっと難しい。他の人に説明するのは難しいんですけれども、理屈じゃないんだなっていうのは、やっぱり思います。なにがきっかけになるかだけの話だったのかなって今になって思うんですけど」

——シスジェンダーの人たちにとって、Xジェンダーは理解の範疇を超えている部分があると思うんですが、友人知人レベルだと何とか受け入れられても、社会全体としては、なかなか難しいところがまだあ

りますよね。

呉崎「でも、それはGIDだってかつてはそうだったわけで、ただ、歴史を重ねることで、今は戸籍変更まで出来るようになって、うちの妻もそうですけど、結婚までいけて、私は傍でそういう人を見てるから、妻の場合はSRS[注1]もして、戸籍変更もしたけど『じゃあ、自分はどうするの？』って考えちゃうんですよ。

『自分は、このまま終わっていいの？』って思っちゃって『自分にとってあるべき姿、肉体的にも社会的にもあるべき姿はなんだろう？』って考えるようになりました。

だから、二年前のlabel《ラベル》 X《エックス》[注2]の講演会の時に、まだ私と結婚する前ですけど、妻が最後に質問に立って、『Xジェンダーの人たちって、社会に対して何を求めているんですか？ それが伝わってこないんですけど』みたいなことを言ったら、会場が凍りついたんです。悪気の無い質問だと思うんですけど」

諏訪崎「凍り付きました（笑）」

――Xジェンダーの人たちにとって、あの質問は、それまで社会に対して目を逸らしていた現実を突きつ

注1　SRS（Sex Reassignment Surgery）とは……性別適合手術（せいべつてきごうしゅじゅつ）のこと。性別適合手術とは、性別の不一致、性同一性障害を抱える者に対し、当事者の性同一性に合わせて外科的手法により形態を変更する手術療法のうちの、内外性器に関する手術を指す。［ウィキペディアonline: wiki/性別適合手術 Apr. 16, 2016, 09:20 UTC］

注2　label X（ラベル・エックス）とは……本書を企画したXジェンダーの当事者団体。詳細は巻末の「編集者略歴」にて。

けられた格好になりましたよね。

呉崎「妻の場合は、そういうのを考えて生きてきた。言い換えるとそれはGIDの方が長い歴史があるから考えられたし、それなりに制度もちゃんとあった。私たちにはまだ歴史が浅くて、知ってもらおうという段階だから『あぁ、確かにそこまで考えてなかった』って、その時思って」

諏訪崎「私もそうですね」

呉崎「私の場合は心が両性で、格好も男女別々に両方するので、中性的な格好はしませんが、基本的には男性の服装の時は心も男性の時なので、男性として扱ってもらいたい。女性の服装の時は心も女性なので、女性として扱ってもらいたい。という風に、今ではこうやって説明できます。でも、それは二年前のあの妻の発言があったから、やっと考えられるようになったっていう感じで。一人ひとり違うからこそ、やっぱり受け入れて欲しい人には、どうして欲しいのかをこちらからも聞かなきゃいけない。ただ、聞いた以上は、できる限り相手の希望に沿うような姿勢をみせなきゃいけないんですけど、『あ、この人は受け入れてくれるんだ』と思って説明したのに、『は？　なにそれ？』と拒否されたら、こちらも話す意味がないので。

だから、Xジェンダー同士でも、相手を受け入れるつもりがあるなら積極的に聞くべきだし、それはなんとか受け入れたいから聞くんだし、マジョリティ社会に対しても同じで、質問してくれれば説明します。でも、いきなり難しい説明しちゃうとチンプンカンプンな話になるだろうから、まずは簡単なところから説明しますっていう感じであれば、今は自分がどう扱って欲しいか説明できます。やっぱりそれは妻のおかげだと思っていて」

諏訪崎「『Xジェンダーの方は何を求めているんですか?』っていう問いかけに対して『自分はこうして欲しいんだ』っていうのが決められないでいるとか、分からないっていう人もやっぱりいるのかなと思います。私も一応考えてはみるものの、社会が何処まで要望を受け入れてくれるのか、その判断の境界線まではっきり分からなくて、そこがXジェンダーの難しいところだなと思ってるんですが」

藤本「今の受け入れるという話で、二段階あると思うんですよ。すでにXジェンダーに対してある程度の理解をしていて、話を聞く態勢が整っての受け入れ。そこからその先をどうしたいかと尋ねるのであって、でも今の社会をみれば、まずXジェンダーの要望を聞く以前に、社会ではXジェンダーのことを『気持ち悪い』とか『意味分かんない』っていう声が飛び交ってるわけで、存在が分からないものって人は怖いし、不気味だから、まずはそっちからだなと思います」

呉崎「マイノリティ社会の中でも、結局マジョリティとマイノリティができちゃうんですよね。だから、仮に『Xジェンダーが社会に受け入れられるようになりました』って言ったときに、またそこに入れない人が絶対出てくるっていうのは思うんですよ。

つばささんは自己紹介で、『過去に彼氏も彼女もいました』とか『中性だと思ってた時期があって』とか『自分のことを僕って言ってた時期があった』とか、自分から色々言ってくれたから『そうなんだ』『あ、なるほどね』って、なんとなく想像はつくんだけど、でも『もうちょっと知りたいな』って気持ちになるんですよ。

ここで『は? なにそれ? わけ分かんない』で終わる人と、『もっと詳しく聞かせて』という人との違いが出てくる。

『なにそれ?』って言われちゃったら、もう会話が成り立たないので、逆に『この人は話を聞ける準備ができてない人なんだな』って思って、それ以上は言わないことにします。

相手を見て、『またいつか話せるようになったらその時は話すかもしれないけど、今は話さない』と思ったり、反対に『この人は聞いてくれそうだから、今ちょっと話してみよう』っていう感覚で、逆に自分が聞く側の立場としても『この人は聞けば話してくれそうだな』とか、『まだ自分のことを整理して説明できないようだから聞きにくいな』とか、そういう風には思ったりします」

——理解できない人たちをどうにかしようと思うより、『理解をしたいな』と言ってくれている人をどんどん増やしていくことで、『Xジェンダーって変だよね?』という人たちに対して、『いや、そんなことないんだよ』と同じシスジェンダーの人が説明してくれるのが一番近道だと思うんですよ。Xジェンダーの人たちがいくら嫌悪感をもっているシスジェンダーに直接『分かってください』と話しても、相手はかえって頑なに拒絶するので。であるなら、同じシスジェンダーの人から口説いてもらったほうが相手も心を開きやすいかなと思うのですが、どうですか?

諏訪崎「問題は、その足掛かりをどうやって作るかっていうのがあるんですが、誰にカムアウトするのか、していい人なのか、してはいけない人なのか、の判断が難しいと思います」

——カミングアウトをする相手を選ぶときに、例えば、性同一性障害の人とXジェンダーは同じような性

別違和を感じていますが、だからといって性同一性障害の人たちが必ずしもXジェンダーの理解者になるとは限らないという点は興味深いですよね。呉崎さんはご夫婦で一緒に暮らしていらっしゃいますが、そういう意見のぶつかり合いはないですか？

呉崎「激しかったですよ、本当にもう。まるで違いますからね」

諏訪崎「ＭｔＦさんとかＦｔＭさんっていうのは、どちらかというとゴールが同じようなところにあるから。それに対してXジェンダーっていうのは、みんなそれぞれゴールがバラバラなんで、同じ性別違和があっても、理解しにくいっていうところがあるんじゃないですかね」

——そのXジェンダー一人ひとりのゴールがみんな違うっていうのは、社会で生きにくくないですか？

呉崎「ある程度、社会に受け入れられるためには、やっぱり変な話ですが、群れなきゃいけない。みんながバラバラに『Xジェンダーとは……』って論じてても、何も解決にならないから、やっぱり〝自分、人は人〟それは良いんだけど、その考え方をみんなで集まって発信しないといけないって思うので。

だから、今やっとそういう雰囲気になりつつあるところだと思うから、こういう動きを止めちゃいけないって思うし、その為にもやっぱり自分を世の中に説明できなきゃ駄目だなって思うし、どうして欲しいかも言えなきゃいけないと思うし……って今はそう思えるんですけど、妻と出会う前は、やっぱりＭｔＦというかＧＩＤ社会に対して反発する気持ちがすごくあって、逆に妻の側もXジェンダーに対しては、ハッキリと差別意識を持ってて、（何で結婚したんだろう？）って思われるかもしれないけど。妻と出会った日に、妻から『あなたのようなＧＩＤでもないのに女装する変態おかまがいるせいで、いつまでたっても私たちGIDが世の中から理解されないのよ！』みたいな事を言われて、私、カチンときたんですよ。でも、その次の瞬間に、（この人は私が守らなきゃ駄目だ！）って思ったんです。それが付き合いだしたキッカケかな」

――なぜ、カチンときたのに守らなきゃいけないと思ったんですか？

呉崎「妻からは、こうも言われました。『GIDの説明をもっと簡単にしなきゃ世の中が理解しない。だから心が一〇〇％女性のMtFと、一〇〇％男性のFtMだけを救う制度を作るの！　それ以外の人は後回しなの！』って。〝何て独りよがりな人だ！〟って思ったけど、これがやっぱりXジェンダーや趣味女装の人たちに対するGIDの基本的な考え方なんだなって改めて感じて。だから、自分がこれだけ怒りを感じるくらいだから、この人は敵が多そうだなって思って。一般社会だけじゃなくて、Xジェンダーや趣味女装の人たちまで敵に回しかねない、危なっかしい人だと思って。だから守ろうと決めたんです。

でも、実際に付き合いだしたらお互い激しく衝突しました。それは結局、自分も妻と同じだったって事ですよね。自分も敵が多い人間だった。自分も妻に敵だと思われてしまうことがあったし、自分も一般社会やGIDを敵に回しかねない人間だったわけですね。

社会に求めていることもこれほど違うし、やっぱり敵同士なんだろうなって事はずっと思ってたんですけど、散々ケンカしまくってるのにお互い離れられなかったんです。もし敵だとしたらですよ、やっぱりその敵にお互い惚れちゃったわけだから、そこに、むしろ私たちの人生の意味があるんだろうなって今は思うんです」

――Xジェンダーから性同一性障害の人はどう映りますか？　先ほども話題にあったように、性同一性障害の人たちは、Xジェンダーと似たような性別違和があるにも関わらず、シスジェンダーよりもさらに強い男女二元論の人たちが多いと思うので、「男女どちらかに性自認が分かれていないなんて考えられない」という批判や、どっちつかずという印象をもたれていると共存しにくいんじゃないかと思うんですが。

呉崎「私も妻に『最終的にはどっちかに決めきゃいけないから、もしかしてMtFかもしれない。だからしっかり決めるの！』みたいな感じでGIDの団体に連れていかれちゃって。で、その時はやっぱり変な顔されましたよ。だけど、今も実はその団体には所属していて、お手伝いをしています。それは、その団体で両方の顔を見せるようにしたら、男女どちらの格好をしていても『あかねちゃんは、あかねちゃんだね』って言ってもらえるようになったし、男の格好でも『あかねちゃん』って呼ばれているので、それは私にとっては嬉しいことです。

男の私も女の私も両方受け入れてくれているっていう。だから、むしろそこには行って良かったと思ってて、私はそちらの団体に行くと、最初はすごい疎外感があったんです。でも、妻もXジェンダーの団体へ行くと、すごい疎外感を感じてると思うんです。だけど、それぞれ相手のことを勉強しなきゃいけないと思ってるから。妻にとっては『自分の旦那のことだから』と必死なんだと思いますよ」

諏訪崎「じゃあお互いアウェーの空気を経験しているわけなんですね」

呉崎「そう、お互いです。でもGIDの団体でも、私は両性の自分を受け入れてもらっているっていう実感が持てているから、居心地は良いです。妻がXジェンダーの団体にきて、どういう気持ちになるかは分からないですけど」

諏訪崎「これも難しいですね。私自身、Xジェンダーの自覚が出る前は、MtXの存在っていうのをあんまり信じてなくてですね。Xジェンダーって言葉を知った時、『FtXさんのことは、だいたい分かるかな。でもMtXって本当にいるのかな?』っていう風に、もともと思ってたんです。でも、いざ自分がXジェンダーであるって気がついて『あれれれれ』ってなってしまいまして。そういう経緯があったんで、ちょっと難しいところはあるんですけれども、私自身は、自分とは違いますが、性同一性障害さんのように最終的に心の性別に身体を合わせて生きていくっていうのも、その人が幸せだったら容認されるべきなんじゃないかなって思います。要は性自認が違っても『その人が幸せに生きていけるかどうか』が一番大事なのかなって思ってます」

呉崎「私の考え方は単純に『干渉しないで(笑)』っていう具合ですか。『Xジェンダー同士はこういう関係でやっているし、ましてやGIDとXジェンダーは考え方が違うから、干渉しないでね』って。ただ、GIDと言い張ってる人の中で、時々Xジェンダーくさい人を見ることがあります。

で、そういう人は、自分の性自認を悩みに悩んだ結果『もう、いい。女として生きていく』みたいな感じで、それで手術と戸籍変更までいくのであれば、もう絶対戻らないでね、それは『やっちゃった以上は戻らない覚悟はあるよね?』っていう気持ちですよね。でも実際、Xジェンダーに戻る人がいるっていう話を聞くと、なんだろう、だったら『私が救ってあげたかったなぁ』っていう気持ちになっちゃうことがあります。『もう少し慎重に、別の生き方を模索すれば良かったんじゃない? 戸籍変更までやっちゃって、Xジェンダーに戻るのは、さすがにちょっと惨めじゃない?』って思っちゃって。そういう意味では、それを差別意識ととられちゃうかもしれないけれども、でもその想いは、私の中に未だにあります。妻の場合は、絶対そういうのは無い人だって確信があったから早く戸籍変更をやらせたけども」

藤本「今の干渉しないのが一番っていう話にすごく賛成で、マジョリティにしてもXジェンダーにしても、それぞれいろんな人がいるわけで、攻撃とかは一番残念だなって思います。お互いに違うのは仕方ないことだし、それぞれがそれぞれでうまくやってるなら、違うものだけど攻撃しないってのがいいなって思うのと、私がどう感じるかって話については、私は逆に小学生の高学年、ちょうど思春期に入る頃は、女性という特徴的なものになるのが嫌で、すごくそれに抵抗して、絶対ズボンしか穿かず、なんかこう、スカートを穿いたら女として認めてしまったことになる気がして、髪を自分でザンバラに思いっきり切ってお母さんに怒られて、一回FtMじゃないかってすごく周囲から心配された時期もあったんですが、今の話を聞いてると、どっちにもつきたくない私と、どっちかにハッキリしたいっていう他の人の意見は、すごく対立するものだと思うんですよ。で、きっと分かり合えないと思うんですが、私は、どっちかに分けるという意見を攻撃しようとは思いませんし、逆にどっちかに分かれろっていう攻撃もされたくないです。マジョリティの方々もマイノリティを攻撃せずに、「ちょっと、こいつらは違うけど、認めてやるか」って感じで接して欲しいという話なんですよね」

呉崎「戸籍変更までしちゃったMtFの方で、でも『この人、心がまだ男っぽいな』って感じる人がいたんですよ。

その人は、今はもうとっくに定年も過ぎているんですが、ずっと長年悩みながら男性として社会生活を送ってきて、奥さんも亡くなってて、男手一つで子供を育ててきたらしいです。

定年が近づいてきた頃に、『もう、決めた。最善の結論は、自分の生きているうちにMtFとしての治療を受けること』と腹を括ったそうです。

その人は、自分の男性器が嫌だったんですよ。

だから、GIDの診断書をもらって、女性ホルモンの投与もして、手術もして、男性器を取りたいがために、本人自身も認めてたんですけど『私はインチキGIDだ』と。

股間にぶら下がった物を取りたいから、そういう治療を受けた。

私はその話を聞いて『この人は、生きてるうちに自分で結論を出したかったんだな』って感じました。

決してその人と、自分を比べるわけじゃないけど、ただ『自分はその人より若いんだから、人生がもうちょっとあるんだから、この人よりは進化した結論を出したいな』って思ったんです。

私は、妻がGIDの診断書をもらって、治療も受けて、それを傍で見てるので、『自分が求めてる治療はこれじゃない』っていうのが分かるんですよ。

だから、望まない治療を受けるための診断書はいらないしってずっと思ってて、だけど、治療を望まないのに診断書を書いてくれる先生がいるのかなって思って探したんですけど、妻に診断書をくれた先生は、結局、私に診断書をくれませんでした。そこで、別の先生に相談したら『書けますよ』って言ってくれて。ただ、その先生から『GIDの診断書じゃなくていいんですよね?』と尋ねられたので、私も『はい』と答えました。

さらに、私から『心は両性です』ということも説明して、そしたら『病名はつきませんけど、両性という性自認を持っているという診断書は書けます』って言ってくださって、書いてくれたんですよ」

諏訪崎「医学的にはXジェンダーっていう病名は無いですよね?」

呉崎「無いです。でも、話をちゃんと聞いてくれて、診断書を書いてくれる先生もいるっていうことを知ってもらいたいなって思います」

――そうですね。話はまだまだ尽きませんが、そろそろお時間になりましたので、今日はこの辺でお開きにしたいと思います。みなさん、貴重なお話をありがとうございました!

全員「ありがとうございました!」

日本におけるXジェンダーと海外における女／男のいずれかではない性のあり方

戸口　太功耶《たくや》

本節では、Xジェンダーに関する記述を文献上で展望していき、次いで、海外で見られる女／男のいずれかではない性のあり方について紹介していきます。Xジェンダーに関する文献は未だに少ないものの、現在では、数人の研究者や学生、カウンセラー、医師たちによって記され始めてきており、Xジェンダーの研究の萌芽の時期と言えるでしょう。そこで、今後の研究者たちにとっても参照となり、また、Xジェンダーと名乗る人々が自己を理解するために役立つよう、ほんの少しでもXジェンダーについて言及のあった記述を、できるかぎり集め、紹介したいと思います。また、多面的な位置づけが可能となるよう、Xジェンダーという言葉に限らず、そこに与えられる意味に性質が近い言葉まで検討し、比較し、議論してみることとします。ただし、他節の著者による著書については、その著者に任せることとし、本章ではあえて扱わないことを先に断っておきます。

(1)　日本におけるXジェンダーに関する記述

①　Xジェンダーに関する記述

Xジェンダーに関して記述されている文献には何があるのでしょうか。山下・清水（二〇一四）では、当事者から説明されたＸジェンダーとして、座談形式の記事を掲載している、Ｋａｉ氏の記述があります。

それによれば、Ｘジェンダーは、「女性・男性の性別のいずれかでもないという人々を指す」言葉であり、「男女の真ん中とか、男性女性どっちでもないとか、男性女性どっちもという人、そもそも性別という枠組みは必要ないと感じている人、女性か男性か定まりきらないような流動的なあり方とかいろいろある」と説明されています（山下・清水、二〇一四）。また、ＲｅＢｉｔによる書籍『ＬＧＢＴってなんだろう?』では、Ｘジェンダーを「こころの性を男性・女性のいずれかとは認識していない状態のこと」を指すと説明しています。さらにその大別として、「男性・女性のどちらでもある」と自認している「両性」、「男性・女性のあいだである」と自認している（中性という自認の中にも、どちらかの性に近いという幅がある場合もあります）「中性」、「男性・女性どちらでもない」と自認している「無性」が説明されています（薬師・笹原・古堂・小川、二〇一四）。

Ｘジェンダーに関する調査として、佐々木（二〇一〇）の研究では、ＭｔＸとＦｔＸの合計二六名に対し、目標とする姿やめざしている方向について自由記述を求めています。その結果を分類したところ、過渡《かと》型、揺曳《ようえい》型、積極型に分けられたとされます（第五章第一節参照）。また、語句の発生をめぐるデール（Dale, 2012）の研究によれば、Ｘジェンダーの原点となったのは、関西、とくに大阪と京都のクィア・コミュニティだったとされています。遅くとも一九九〇年代から始まった、地方のクィアの団体による、独自の刊行物の中で見られていました。Ｘジェンダーを検討していく中で、この言葉について公刊された文献上で記されたのは吉永（二〇〇〇）が初のようです。この吉永のインタビユーを受けた森田が語っていますが、第一章第四節に引用されているため、ここでは割愛しておきましょう。

田中（二〇〇六）の『トランスジェンダー・フェミニズム』では、Male to X（MTX）、Female to X（FTX）に関する説明があります。「MTFは男性から女性への越境を意味し、FTMは女性から男性への越境を意味し、MTXは男性からどちらでもない性（X）への越境、FTXは女性からどちらでもない性（X）への越境」を意味します。トランスジェンダーのカテゴリとして、田中はMale to Female（MtF）のみならず、Female to Male to X（FtMtX）にまで広げて意味を示しています。この論理で考えれば、さらにMale to Female to X（MtFtX）を加えることができるでしょう。

さらに見ていくと、Xジェンダーについて、「『FtX』『MtX』（Xは男／女いずれでもない者）という自己規定も定着しだした（石田、二〇〇八）」、「男女に二分化されず、男女のどちらでもない（どちらでもある）と感じる人たちもいる（宮腰、二〇一五）」、「自分自身の性自認をとくに男女の二分に仕分けることができない、という人たちのこと（南、二〇一四）」、といったように、一文か二文ではあるものの、言及している文献は存在してきており、研究の数が少なくとも、認識されつつある状況ではあります。

ここまで展望するところ、Xジェンダーに関する説明には、一つ目に、FtX／MtX／FtMtX／MtFtXといった、自身の性別を取り巻く過程に着目した説明、二つ目に、両性／中性／無性といった、自身における性別の割合・濃度に注目した説明、三つ目に、アイデンティティのあり方に着目した説明、そして四つ目に、それらに見られる男女二分の性質そのものを外そうと試みるメタな部分に着目した説明、といったように整理できるでしょう。しかし、留意したいのは、分類をすればするほど、そこにぴったりと一致するアイデンティティが築かれる人もいれば、まったくそうでない人も現れることです。Xジェンダーであると名乗ることは、どういった部分でそこに落ち着いたということなのでしょうか。その本人の内にしか存在しえない、そのものの言葉で語ることを手助けすることが、今後の学術研究の課題と言えるのではないでしょうか。

② アンドロジニーに関する記述

日本の学術研究において、女／男のいずれかではない性のあり方としての性質は、実際のところ、Xジェンダーの研究に限るものではありません。アンドロジニーは今でも検討されている概念であり、検討の余地が残されています。アンドロジニーとは、心理的両性具有性とも言い、自らの内に男性性も女性性も併せ持っている状態を指します（Bem, 1974; 福本、二〇〇八）。この研究に取りかかったベム（Bem, 1974）にこのことを発想させた背景には、一九七〇年代のフェミニズムの台頭があったとされます（福本、二〇〇八）。ベム（Bem, 1974）以降の日本の研究は、七〇年代から八〇年代の女性学から始まり、小倉（一九八二）の研究に続き、小倉（一九八三）、土肥（一九八八）、蛭田（二〇〇〇）、福本（二〇〇八）、福山（二〇一三）の研究と現在まで続くように、今日まで研究され続けてきています。

なお、「両性具有」という語句は、今日の性分化疾患とインターセックスを取り巻く偏見の問題を鑑みると、特定の文脈と意味づけがなされていない限りでは、用いるべきではないでしょう。アンドロジニーに関する文脈では、生物学的性には言及しておらず、むしろ社会的性別に関する振舞いや態度、役割、周囲からの期待といった、まさしくフェミニズムが問題として見ようとしているジェンダーを扱っているのです。

ベム（Bem, 1974）が考案したBem Sex Role Inventory（ＢＳＲＩ）は、心理的両性具有性を測定する尺度であり、得点をもとに四つのタイプに分類されます。対象者の男性性得点、女性性得点の中央値を求め、どちらの得点も中央値以上のものをandrogyny型（A型、アンドロジニー型、両性具有型）、男性性得点のみ中央値以上のものをmasculinity型（M型、男性性型）、女性性得点のみ中央値以上のものをfemininity型（F型、女性性型）、どちらの得点も中央値に満たないものをundifferentiated型（U型、未分化型）と分類されます（Bem, 1974; 蛭田、二〇〇〇）。Xジェンダーに引き寄せて考えるところ、A型が両性、U型が無性、そして男性性得点と女性性得点がだいたい中央値であったら中性、といったように考えることができるでしょうか。

しかし、アンドロジニーという概念とXジェンダーという性のあり方を組み合わせる場合には、留意すべき議論があります。アンドロジニーは状態を指し、測定結果の分類となる操作的定義であり、Xジェンダーは人が名乗る性のあり方を指します。アンドロジニーとXジェンダーが簡単に同一とはならないのです。

すなわち、二つの名称は似通った点があり、照らし合わせながら議論できるものの、概念として水準の異なる言葉です。このことを踏まえた上で、現代社会におけるXジェンダーを検討していく必要があるでしょう。

(2) 海外における女／男のいずれかではない性のあり方に関する記述

日本のXジェンダーに対して、海外における「女／男」のいずれかではない性のあり方は、様々に挙げることができます。とくに最近では、ドイツ、オーストラリア、スコットランドにおいて、第三の性に関して報道されています。オーストラリアでは、二〇一一年の秋に、トランスジェンダーの人々と曖昧な性別の人々が使えるようにするために、パスポートにおける性別欄に、不確定としての「X」が設けられました。出生時の性別とはジェンダーが異なる人々は、以前までは、パスポートの性別を望んだ性別に変更するためには、性別適合手術が必要とされていました（BBC News, 2011）。ドイツでは、二〇一三年秋に、インターセックスの乳幼児への対応の文脈において、性別欄に第三の性が設けられました（BBC News, 2013）。「F」、「M」、そして「X」です。ヨーロッパでは初の試みであったとされます。スコットランドでは、トランスジェンダーの活動団体が、二〇一四年秋に、スコットランド政府に対し、法の上で第三の性（third gender）を認知するように呼びかけました（BBC News, 2014）。これは、性別二元的なアイデンティティに合わない人々が、第三の性の選択を可能とするための、トランスジェンダーとインターセックスの人々の文脈におけるものです。

このように、第三の性としての制度的な文脈における活動がおこなわれてきています。一方で、そのような文脈とは異なるような、これまでも存在してきた言葉があります。それが、ジェンダークィア（genderqueer）、ジェンダー・ノンコンフォーミティ（gender-nonconformity）、ツー・スピリット（two-spirit）、ヒジュラ（hijra）、マフー（mahu）、ファアファフィネ（fa afafine）、ファカレイティ（fakaleiti）ビス（bissu）、ワリア（waria）、これらです。

① アメリカのジェンダークィア（Genderqueer）

ジェンダークィアに関する言及は、ジェンダークィアと名乗る活動家のインタビューをおこなったデビッドソン（Davidson, 2007）の調査があります。それによれば、ジェンダークィアの概念は次のようなものとなります。「私はジェンダークィアと名乗っている。これは、私が何かと同じようなものであったり、別のようなものであったり、両方であったり、パラドキシカルなアイデンティティ[注1]でもないということを意味している」。つまり、ジェンダークィアという言葉は、自己と他者が同じであったり、異なっているものであるという、性のあり方が言葉によって制限されることがないような、矛盾に見えるものまでも含めた存在の可能性を提示しつつ、自己と他者の境界を外していく言葉として使われていると考えられます。さらに言えば、言葉によって説明されるような何かであるという確固とした自己というよりも、自己と自己に関与してゆく他者の存在そのものを問い直していく言葉としても使われているようです。

また、バウアーとトラバース、スキャンロン、コールマンら（Bauer, Travers, Scanlon, & Coleman, 2012）は、専門用語として「Genderqueer persons」を「規範的で二元的な女性か男性の、その外側に位置するジェンダー・アイデンティティを持つ人々を指す」と説明しています。さらに、ドナトーネとラクリン（Donatone & Rachlin, 2013）は、ジェンダーや性表現が流動的であったり、完全に男性でも女性でもないようなジェンダーを表現することを望んだり、二元論の外側にあるといった説明をしています。普通とされ、二分された女性か男性かの外側に置くという点で、女性か男性かを枠組みと捉え、その補集合の性質がある言葉としてジェンダークィアを位置づけていることが分かります。

このジェンダークィアの意味のうち、スワンソン（Swanson, 2009）も同様の表現をしていますが、さらに詳しく、「私は、ジェンダークィアを、二元的な性別の外側にあるものとして表現したり、何かにアイデンティファイしたりする人を囲える広い傘として用いています。しかし、その人がトランスしていることは、必ずしも考慮していない」と記述しています。スワンソンは、女性か男性かの外側に置かれるジェンダークィアを、表現することであったり、アイデンティファイしたりすることの範囲で捉えていることが分かります。さらに、トランスすることは必ずしも考慮しないという点で、本人の望む身体のあり方やその曖昧さは、ジェンダークィアであることについて問題にする必要はないと言及しています。

②　アメリカのジェンダー・ノンコンフォーミティ（Gender-nonconformity）

先のジェンダークィアとは異なり、ジェンダー・ノンコンフォーミティはその言葉の使われ方が異なってきます。グリーンバーグ（Greenberg, 2002）は、「男性と女性はスペクトラム[注2]の二つの端に位

注1　パラドキシカル（Paradoxical）とは……逆説的であるさま。反対の方向から考えて真理をつくさま。例「急がば回れ」など。
注2　スペクトラム（Spectrum）とは……境界線を区切ることが難しい連続性のある分布範囲を指す。

置し、一方、インターセックス、トランスセクシュアル、ゲイ、レズビアンは伝統的な男性と女性の極の間に位置づけられる。これらの人々は、社会の伝統的な性別の規範に合致していないため、ジェンダー・ノンコンフォーミティと見なすことができる」と述べています。この点で、典型的な男性である、あるいは女性である、という場合でない性のあり方を全てまとめて、ジェンダー・ノンコンフォーミティと捉えているのが分かります。

ベイリーとダン、マーティンら（Bailey, Dunne & Martin, 2000）は、調査対象者の選定の際、幼少時に典型的なゲームや活動が見られたか、ジェンダー・アイデンティティが内的な感情として男性性と女性性であるかという観点から、childhood gender nonconformity（CGN）の程度を測定しました。このことから分かるのは、本人のジェンダー・ノンコンフォーミティを、本人の行動がジェンダーに規範的であるかないか、そして、本人がどのように自身の性別を感じているか、といったことから判断していることです。また、エーレンザフト（Ehrensaft, 2011）の研究では、ある心理療法の中のやりとりで、ジェンダー・ノンコンフォーミティの子どもが自身を女の子になりたい男の子として語っている部分を記しています。一方、ビーミン（Beemyn, 2011）は、ジェンダー・ノンコンフォーミティを「男と女を意味するのか疑問を呼びだすだけでなく、トランスジェンダーの伝統的な理解にも挑戦する」ものとして、既存の規範的な性質に対する批判の可能性を強調しています。すなわち、ここではジェンダー・ノンコンフォーミティは、トランスジェンダーに含まれるような、自らの状態として求めているのが女性か男性かという観念よりも広がりを持ち、さらに、これまでの研究に挙げられるようなネガティブなイメージとは一線を画し（性質としては「曖昧さ」を表現しているが）、より女性と男性の境界を揺るがす可能性を指し示そうとしています。

③ ネイティブアメリカンのツー・スピリット（Two-spirit）

アメリカはアメリカでも、先に挙げたのは渡来文化における言葉であり、土着文化におけるネイティブアメリカンに見られる性のあり方を見落としてはならないでしょう。藤崎（二〇〇三）は、アメリカ先住民の「ベルダーシュ」について検討しています。「ベルダーシュ」という語は後に紹介するように、侮蔑語であるため、現在では、「ツー・スピリット」と称することが政治的に正しい呼称ですが、藤崎の引用の表記を尊重するため、「ツー・スピリット」の紹介までは、「ベルダーシュ」という語を用いることとします。引用では藤崎に習い、「括弧」を付しました。

「ベルダーシュ」の特徴は、ジェンダー役割として女性の仕事をすること、女性の服装をすること、男性との性関係か結婚、女性らしいボディー・ランゲージや話し言葉を用いることなどである、と藤崎はまとめています。「ベルダーシュ」は、（一）幼児から徐々にその傾向が表れるとされる場合と、（二）思春期以降に突然変化する場合があるとされます。さらに、藤崎（二〇〇九）は「ベルダーシュ」の本質として、（一）子を持たないこと、すなわち生殖に関与しない存在であることと、（二）男とも女とも異なる存在と社会的にみなされていること、この二点を挙げています。

そして、その点に関し、藤崎は「ベルダーシュ」について本来問われるべき問いを挙げています。

一　なぜ生殖に関与しない人を北米先住民の共同体はいわば公的に必要とするのか

二　その存在が社会の生殖力（fertility、豊饒性）を損ねないばかりか、むしろそれを活性化すると考えられる場合もあるが、それはいかにして実現されるとその社会は理解しているのか
三　そしてそういう存在に（生物学的な）男（であった者）が多いのはなぜか（藤崎、二〇〇九）

この問に、藤崎はインドのヒジュラを挙げて類比的に推測しました。共通に持つ神話の神々に関連付けて、正統化するということです。藤崎によれば、禍福（災いと幸せ）の逆転として、象徴的逆転の構造を持つとされます。つまり、性を転じる存在は、災いをも逆転させ、幸せをもたらす、と解釈できるでしょう。

「ベルダーシュ」とXジェンダーと類似する部分が、「二　男とも女とも異なる存在と社会的にみなされていること」です。しかし、「ベルダーシュ」はそのように社会的に認知されているが、Xジェンダーは未だその状況にはない点において異なるでしょう。そして、日本におけるセクシュアルマイノリティを捉える枠組みでは、「ベルダーシュ」は、トランスジェンダーあるいはトランスセクシュアルかと認識されるかもしれません。しかし、「ベルダーシュ」の存在する文化では、その類ではないことを藤崎は指摘しています。そもそも、トランスジェンダーおよびトランスセクシュアルは、ある性別から別の性別へ越境するあり方であり、「男とも女とも異なる存在」とみなされることとは、やや異なるのです。「ベルダーシュ」の分布に関しても調査されており、カレンダーとコチェムス（Callender & Kochems, 1983）は、「ベルダーシュ」の分布状況として、アメリカの一一三部族に存在していることをこれまでの文献による調査により示しました。

一方、トーマスとジェイコブス（Thomas & Jacobs, 1999）は、先住民族／ネイティブの人々と、その人々について研究してきた学者との間の対話を目的に、〝実証的かつ理論的に「北米ベルダーシュ」に立ち戻ること〞についての会議に参加しました。その会議では、トーマスとジェイコブスが記すとおり、次のようなことが議論された。〝「ベルダーシュ」という言葉は、もはや性の多様性を包括する言葉として容認されなくなってきている。この言葉は、人を侮辱する言葉であり、土着の人々に対する学者達による植民の言説である〞と、ネイティブの参加者たちによって結論づけられました。「ベルダーシュ」という言葉には、「男妾（kept boy）」や「男娼（male prostitute）」といったもともとの意味がはっきりと明確に表れてしまうのです。一九九〇年の夏の会議では、ネイティブの性の多様性を表す新しい用語に関する議論の末、ツー・スピリット（two-spirit）が選ばれました。この言葉は、過去と現在のネイティブアメリカンとファーストネイションにおける、幅広い、多様な役割とアイデンティティを示しています。また、ツー・スピリットの役割とアイデンティティは、ウィンクテ（winkte）、ナドル（nádleeh）、部族におけるその他の適切な言葉と同じように、ゲイ、レズビアン、トランスヴェスタイト、トランスセクシュアル、トランスジェンダー、ドラァグクイーン、ブッチなどを表すとされます（Thomas & Jacobs, 1999）。

④　インドのヒジュラ（Hijra）

日本では、ヒジュラはインターセックスあるいは性分化疾患として位置づけられることが多いと知られているかもしれません。しかし、厳密には、全てのヒジュラはインターセックスではありません。大谷（一九九五）は、インド現地に赴いて、ヒジュラの分類を記しています。


第一は、（中略）生まれたときからの半陰陽。

第二は、生まれたときは、男か女とされ、大人になって半陰陽とわかったもの。

第三は、男で性転換したり、女装してヒジュラと名のるもの。

第一の純粋なヒジュラだけが、歌と踊りで生きて行く権利を持っている。（大谷、一九九五）

ヒジュラの分類として、ここには第一と第二の分類で、半陰陽という部分に、性分化疾患あるいはインターセックスが内包されています。一方で、第三の分類ではトランスジェンダーも含まれています。この分類には明らかな階層性があることも留意すべきでしょう。すなわち、「生まれたときから半陰陽」と分かる者のみが純粋とされ、特有の生業を行う、ということです。性のあり方は職業にも関わっています。

一方で、藤崎（二〇〇二）はヒンズー社会におけるジェンダーへ目を向け、「ヒンズーでは多重的・多元的な性や、ジェンダーが可能性として認識されていた。主要な性／ジェンダーカテゴリーに合わない人はスティグマ[注3]を与えられるが、ヒンズー世界の中ではそれなりの位置づけと同一性を与えられた。このような性／ジェンダー変異の一つがヒジュラである」と述べています。さらに、ヒジュラは文化的に「男として生まれたが、女性の服や行動や仕事を選び取る人で、男性でも女性でも男でも女でもない」と定義されると記されています（藤崎、二〇〇二）。

ヒジュラは、日本の一方的な価値観からすれば、性分化疾患あるいはインターセックスと、Xジェンダーを含めた多様なトランスジェンダーのこれらのあり方が混合的な状態であると見えます。日本におけるXジェンダーは、それらのうちの女／男のいずれかではないあり方として細分化している状態だと位置づけられると言えるかもしれません。

⑤ ポリネシアのマフー（Mahu）とファアファフィネ（Fa'afafine）とファカレイティ（Fakaleiti）

「男女いずれかの性に還元できないような特別の性の存在」として、タヒチにはマフー（mahu）、サモアにはファアファフィネ（fa, afafine）、トンガにはファカレイティ（fakaleiti）があるとされます（山路、二〇一二）。

ザンゲリーニ（Zanghellini, 2010）の説明では、マフーは、「男性の体であり、手術をおこなっていない、トランスジェンダーのポリネシアン」と記述されています。さらに、マフーはジェンダー・アイデンティティのカテゴリーである一方で、統計上でのみではありますが、同性へのセクシュアリティに必ずしも関連しているわけではなく、現代のフランスポリネシアでは、同性への欲望を持っていても、社会的制裁（相対的な）が与えられていません。そのため、同性へのセクシュアリティは、マフーのアイデンティティの概念に対して決定的な要素ではない、と検討されています（Zanghellini, 2010）。

注3　スティグマ（Stigma）とは……他者や社会集団によって個人に押しつけられた負の表象・烙印。いわばネガティブな意味のレッテル。［「スティグマ」『はてなキーワード』（http://d.hatena.ne.jp）閲覧日：二〇一六年七月九日］

ヴァンデルラーンとヴェイシー（Vanderlaan & Vasey, 2012）によれば、サモアにおいて、性的に男性に惹かれる男性は、「女性のような（in the manner of a woman）」の意味である、ファアファフィネと呼ばれるとされます。多くのファアファフィネは、女性にも男性にも自己のアイデンティティを持たず、ファアファフィネとして自身にラベルづけをします。全体として、ファアファフィネは、外見や癖において、女性的な傾向があるとされます。また、西洋文化の視点からでは、多くは、女性的な男性として記述されてきたり、トランスジェンダーとして記述されてきました（Vanderlaan & Vasey, 2012）。

一方、山路（二〇一一）によれば、トンガでは、身体的には男性だが、女性の役割分担を請け負う存在を、ファカレイティ（fakaleiti）、あるいはファカフェフィネ（fakafefine）と呼んでいるとされます。ファカフェフィネの意味は、語幹のフェフィネが女であり、ファカとは「する」あるいは「させる」の意味があり、直訳すると「女をする」ということと説明されています。また、ファカレイティのレイティは英語のレディ（lady）に由来する言葉とされ、比較的最近の造語と考えられるにしても、現在では頻繁に用いられるようになっていると指摘されています（山路、二〇一一）。

⑥　インドネシアのビス（Bissu）とワリア（Waria）

グラハム（Graham, 2002）によれば、インドネシアの南スラウェシのブギス族では、女性と男性のほかに、生物学上女性であり、男性に期待される役割と機能を多く持つカラライ（calalai）、生物学上男性であり、女性に期待されるものに多く準拠するカラバイ（calabai）、僧侶であるビス（bissu）があるとされます。

ビスは女性と男性の要素を身体的に持つような、半陰陽的存在だと想像されるのは確かですが、多くは解剖学的に男性であり、男性的特徴と女性的特徴を意識的に強調した服装をするとされます。また、ビスは、男性用ナイフを持ち運ぶが、女性のように髪に花をさす場合があります。ビスは、女性と男性の振る舞いを組み合わせる必要はなく、精神的要素と人間的要素を組み合わせなくてはならないとされます（Graham, 2002）。シャルル（Syahrul, 2013）の記述ではさらに具体的な説明がなされています。ビスの多くは生物学的に男性ですが、一方で、女性的な側面が見られます。ビスの男性的特徴と女性的特徴の比率は半々です。ブギスの文化には、別の性別としてカラバイが存在します。

カラバイ（Calabai）は、「無い」を意味する「Sala」と、「女性」を意味する「Bai/Baine」の、二語のブギス語が由来です。したがって、カラバイは、女性的な行いをする生物学的男性です。ビスが男性と女性の半々であると見なされるならば、カラバイは女性的特徴が優勢な男性と言えるでしょう。ビスとカラバイの他の違いとしては、ビスは、伝統的な儀式を導くことができる神聖な個人であると考えられている一方で、カラバイは、普通の個人であると考えられています。興味深いことに、ビスになるためには、最初にカラバイになる必要があります。全てのカラバイはビスになるわけではありませんが、全てのビスは以前はカラバイでした。ブギスの文化の中におけるさらに他の性別のカテゴリーはカラライです。カラライはカラバイの反対であり、男性的な規範で営む生物学的女性を意味します。カラライのほんの一部はビスになります（Syahrul, 2013）。

インドネシアはいくつかの島々に分かれており、その特徴を踏まえる必要があります。これらのブギス族における性のあり方は、スラウェシ島の地方の伝統的な文化の中によるものでしょう。その一方で、首都であるジャカルタがあるジャワ島では、都市部のサブカルチャーとして、バンチ（banci）とワリア（waria）が確認されています（Lang & Kuhnle, 2008）。マータフ（Murtagh, 2011）は、ワリアのフォーカスグループにおけるディスカッションにおいて、ゲイとワリアの違いについての言及を抜き出しています。そこでは、「ワリアとゲイは密接に関連している」「ゲイとワリアの違いは小さいものだ。それは服か見た目か、そして魂か」「でもゲイで女性的な人もいる」「ワリアは女性の魂を持っている。これはゲイじゃない」「ワリアは、前はゲイだったけど、今はワリアになったということ」といった記述があります。これらのように、すでに日本語として用いられつつあるXジェンダー、トランスジェンダーならびに、英語圏で用いられ、日本へ輸入され始めてきている言葉である、ジェンダークィア、ジェンダー・ノンコンフォーミティといった言葉で表現できない、文化的背景を伴ったという点で、多様な性のあり方が世界には存在します。

⑦ それぞれの言葉の比較

Xジェンダーとジェンダークィアとジェンダー・ノンコンフォーミティの等しい部分は、その言葉がどのような状態を指すかです。ジェンダー・ノンコンフォーミティでは、その男性として社会的に典型的でない特徴、女性として社会的に典型的でない特徴を持った状態を示していました。

これは、本人がどのようなアイデンティティを持つかとは異なる視点として記述されるもので、他者あるいは社会から見て、本人を目指すものです。

一方、ジェンダークィアでは、性別の二分性に乗らない人々、性別の二分性にコミットせず、そこに乗らない部分にアイデンティファイしている人々を指していました。これは、社会的な特徴として典型的でない男性、女性というあり方というよりも、本人の意識の次元における男性でない、女性でないという認識という事柄であり、ジェンダー・ノンコンフォーミティと比べて、言葉の使われる文脈がまったく異なります。ツー・スピリット、ヒジュラ、ビスを見ていくと、文化的な背景を持ちながら、歴史的な役割を担っていた者としての性質として、宗教性が見られることが分かります。

そして、Xジェンダーでは、男性でも女性でもない人々を指し示していましたが、言葉が使われる文脈として、ジェンダークィアと近いものがあります。それは、本人がアイデンティファイする言葉だからです。しかし、ジェンダークィアと異なるのは、その言葉が表現しようとしたり、本人たちが表現しようとしたりする意味の幅の広さにあるでしょう。男性でも女性でもないという書き方のみならず、ある、ない、中間、二分性に乗らないという意味が込められています。そして、これらの含意には、他に表現する言葉が存在しなかった背景があると考えられます。英語圏では、ジェンダークィアの他にもいくつかの言葉が存在しており、本人たちもそれらを使用していますが、日本内ではそのように言葉にバリエーションのある状態ではありません。

(3) 日本における性の多様性に関する言葉の意味

ここまで展望してきたように、それぞれの文化には、女／男のいずれかではない性のあり方が存在しています。日本について言えば、Xジェンダーという言葉は独自の言葉でありながらも、英語圏から輸入された言葉をもとに作られています。例えば、セクシュアルマイノリティ、ゲイ、レズビアン、バイセクシュアル、トランスジェンダーは、元来英語です。日本では、その英語の発音をもとに外来語としてカタカナとなって用いられています。このことを踏まえると、日本で扱われるセクシュアルマイノリティ、LGBT、クィア、性の多様性に関する言葉は、英語としての言葉が示す通りであるように思われるかもしれません。しかし、日本独自に作られた「Xジェンダー」は、その言葉自体において英語的表現がなされているものの、意味づけられたものや、そこで扱うニュアンスは、英語圏におけるジェンダークィアやジェンダー・ノンコンフォーミティとは異なっているのが特徴です。

しいて言うならば、日本のXジェンダーに近い言葉は、ノンネイティブアメリカンではジェンダークィアであると言えるでしょう。一方、ジェンダー・ノンコンフォーミティは、言葉の意味ではジェンダーに規範的ではないあり方といえるものの、アイデンティファイする言葉というよりも、より幅広い様態を示す言葉でした。

興味深いのは、アメリカでは、よりたくさんの言葉が使われ、自身のジェンダー・アイデンティティを表現している現状があるのに対し、日本ではジェンダークィアやジェンダー・ノンコンフォーミティに対応する言葉がXジェンダーしかないことです。重要なことは、これらの性のあり方は日本とも米国とも存在していながら、名乗る言葉が異なり、それはまさしく各地域の文化特有の、人々の営みから生じた言葉だということでしょう。

⑷ 自己を指し示す方法

私たちは、それぞれの地域や文化でそれぞれの言葉を用い、自らを表現し、生きてきています。本人が用いる言葉を尊重すべきであり、私たちはその言葉で本人を理解し、その言葉を用い返すことが必要でしょう。これはXジェンダーに限らず、他の属性でも当てはまることです。そこで最後に、マークマン（Markman, 2011）の言葉を引用しましょう。

自己同一性を得る時期の前の段階で、ある人がトランスジェンダーという言葉を用いることは、自身をラベルづけするという意図はありません。このトランスジェンダーという言葉は、変更可能で、広範囲で、適用しうる人が選択し、所有するべきなのだという意図がある。もし、ジェンダーにとらわれない（gender nonconforming）人がトランスジェンダーを選択したならば、その個人はトランスジェンダーなのである。それとは別に、もし、その個人が、ジェンダークィア（genderqueer）、ツー・スピリット（two-spirit）、クィア（queer）、アグレッシブ（aggressive：AG）、他の何かしらにアイデンティファイするならば、それがその人の参考となりうる適切な言葉なのである。人によっては、複数のアイデンティティの言葉を用いるかもしれないし、アイデンティティが時を経て変わっていくかもしれないだろう。（Markman, 2011）

マークマンの言うように、私たちそれぞれが見つけてきた、用いてきた言葉がその人を表すのです。他者によって強制的に名乗り方が変更されるべきではありません。そして、私たちが用いる言葉は、常に現在のみの固着的で不変的なあり方に言及しているとは限らないでしょう。そこには、過去、今とは異なるあり方ですが語るべき意味が含まれている可能性があり、現在、今の体験そのものの意味づけをおこなっている最中である可能性があり、未来、今とは異なるあり方へ変化する可能性を見通している場合があります。これらの生きてきた、生きている、生きていくであろう、これまでと今とこれからの人生を展望した、その時々の自己を自分自身で認めるためには、どのように名乗っていけばよいのでしょうか。

引用文献

Bailey, J. M., Dunne, M. P. & Martin, N.G. 'Genetic and Environmental Influences on Sexual Orientation and Its Correlates in an Australian Twin Sample'. "Journal of Personality and Social Psychology," 78 (3), pp.524-536. 2000.

Bauer, G. R., Travers, R., Scanlon, K., & Coleman, T. 'High heterogeneity of HIV-related sexual risk among transgender people in Ontario, Canada: A province-wide respondent-driven sampling survey.' "BMC Public Health", 12, 292, p.1-12. 2012.

BBC News. "New Australian passports allow third gender option." 2011.（http://www.bbc.com/news/world-asia-pacific-14926598〔二〇一一年九月十五日掲載〕）

BBC News. "Germany allows 'indeterminate' gender at birth." 2013.（http://www.bbc.com/news/world-europe-24767225（二〇一三年十一月一日掲載））

BBC News. "Campaign calls for legal recognition of third gender." 2014.（http://www.bbc.com/news/uk-scotland-edinburgh-east-fife-29850756〔二〇一四年十一月三日掲載〕）

Beemyn, G. 'Home on the Wide-Open Range of Gender'. "Journal of LGBT Youth," 8, pp.378-381. 2011.

Bem, S. L. 'The measurement of psychological androgyny'. "Journal of Consulting and Clinical Psychology," 42（2）, pp.155-162. 1974.

Callender, C. & Kochems, M. L. 'The North American Berdache'. "Current Anthropology," 24（4）, pp.443-470. 1983.

Dale, S. P. F. 'An Introduction to X-Jendā: Examining a New Gender Identity in Japan'. "Intersections: Gender and Sexuality in Asia and the Pacific," 31, 2012.

Donatone, B. & Rachlin, K. 'An Intake Template for Transgender, Transsexual, Genderqueer, Gender Nonconforming, and Gender Variant College Students Seeking Mental Health Services'. "Journal of College Student Psychotherapy," 27（3）, pp.200-211. 2013.

Davidson, M. 'Seeking refuge under the umbrella: Inclusion, exclusion, and organizing within the category Transgender'. "Sexuality Research & Social Policy," 4（4）, pp.60-80. 2007.

土肥伊都子「男女両性具有に関する研究 - アンドロジニー・スケールと性別化得点」『関西学院大学社会学部紀要』五七巻、八九～九七頁、一九八八年。

Ehrensaft, D. "'I'm a Prius": A Child Case of a Gender/Ethnic Hybrid'. "Journal of Gay & Lesbian Mental

Health," 15, pp.46-57. 2011.
藤崎康彦「多様な性／ジェンダーについての一考察――インドのヒジュラとアメリカ先住民ナバホ族の「ベルダーシュ」の事例を通して――」『跡見学園女子大学文学部紀要』三六巻、三九～五五頁、二〇〇三年。
藤崎康彦「ベルダーシュの本質再考――モハーベ族のアリハなどの考察を通して――」『跡見学園女子大学文学部紀要』四三巻、一～一八頁、二〇〇九年。
福本俊「Androgynyな生き方尺度の提案」『日本家政学会誌』、五九巻、十号、八〇五～八一一頁、二〇〇八年。
福山智子「月経随伴症状と性役割パーソナリティとの関連性」『摂南大学看護学研究』、一巻、一号、二五～三三頁、二〇一三年。
Graham, S. 'Research & Reports. Sex, Gender, and Priests in South Sulawesi, Indonesia'. "IIAS Newsletter," 29, pp.27. 2002.
Greenberg, J. 'What Do Scalia and Thomas Really Think About Sex? Title VII and Gender Nonconformity Discrimination: Protection for Transsexuals, Intersexuals, Gays and Lesbians'. "Thomas Jefferson Law Review," 24, pp.149-160. 2002.
蛭田由美「父性意識の発達に関する研究：アンドロジニースケールを用いての検討」『藍野学院紀要』、一四巻、三三～四二頁、二〇〇〇年。
石田仁『性同一性障害　ジェンダー・医療・特例法』石田仁（編）（第一章　総論　性同一性障害）、御茶の水書房、二〇〇八年。
Lang C., & Kuhnle U. 'Intersexuality and alternative gender categories in non-Western cultures'. "Horm Res," 69（4）, pp.240-50. 2008.
Markman, E. R. 'Gender Identity Disorder, the Gender Binary, and Transgender Oppression: Implications

for Ethical Social Work.' "Smith College Studies in Social Work," 81, pp.314-327. 2011.
南和行「記念講演　LGBTの人権課題（部落解放研究第四八回全国集会報告書）」『部落解放』、七〇六巻、二三〇～二四〇頁、二〇一五年。
宮腰辰男「セクシュアル・マイノリティへの支援（特集　さまざまな差別や偏見を克服する）」『教育と医学』、六二巻、十号、八九六～九〇五頁、二〇一四年。
小倉千加子「心理学的アンドロジニーの測定（一）：自己評価、性役割観との関連」『日本教育心理学会総会発表論文集』、二四巻、四一四～四一五頁、一九八二年。
小倉千加子「心理学的アンドロジニーの測定（二）：その発達と親の養育態度との関連」『日本教育心理学会総会発表論文集』、二五巻、二二八～二二九頁、一九八三年。
大谷幸三『ヒジュラに会う――知られざるインド・半陰陽の社会』ちくま文庫、一九九五年。
Swanson, H. G. "Standards of care: transgender/genderqueer clients' experiences with mental health workers Smith College School for Social Work," Northampton, Mass. 2009.
Syahrul, S. W. 'Menjadi Muslim yang Animis: Telaah Identitas Bissu Segeri di Kab. Pangkep.' "Al-Fikr Journal," 17（3）, pp. 82-98. 2013.
田中玲『トランスジェンダー・フェミニズム』、インパクト出版会、二〇〇六年。
Thomas, W. & Jacobs, S. E. '"…And We Are Still Here": From Berdache to Two-Spirit People.' "American Indian Culture and Research Journal," 23（2）, pp.91-107. 1999.
Vanderlaan, D. P., and Vasey, P. L. 'Relationship status and elevated avuncularity in Samoan fa'afafine.' "Personal Relationships," 19（2）, pp. 326-339. 2012.
薬師実芳・笹原千奈未・古堂達也・小川奈津己『LGBTってなんだろう？――からだの性・こころの性・好きになる性』、合同出版、二〇一四年。

山路勝彦「トンガのファカレイティ：ポリネシアにおける「第三の性」」『関西学院大学　社会学部紀要』、一一一巻、三九～五五頁、二〇一一年。

山下奈緒子・清水真央「ＬＧＢＴ×看護学生×医学生　性と生と医療のはなし（第二回）ＬＧＢＴと授業　看護教育に期待すること」『看護教育』五五巻、七号、六二二～六二六頁、二〇一四年。

吉永みち子『性同一性障害——性転換の朝』集英社、二〇〇〇年。

Zanghellini, A. 'Queer Kinship Practices in Non-Western Contexts: French Polynesia's Gender-variant Parents and the Law of La République.' "Journal of Law and Society," 37 (4), pp.651-677. 2010.

第五章　Xジェンダーとその他の性別違和を抱える人々

二〇一〇年三月二十日（土）、二十一日（日）の両日に渡り、札幌で開催されたＧＩＤ（性同一性障害）学会の第十二回研究大会で、立教女学院短期大学現代コミュニケーション学科専任講師であり、臨床心理士でもある佐々木掌子先生の論文が発表されました。

それまでは表面上とはいえ、性同一性障害を含む性自認の一般的な概念は、一部の特殊な場合を除き、一人の人格には男女どちらかに明確に区別されている一つの性自認が備わっていることが当たり前だと思われていました。

その性別二元論に対し、新たに規定されない性自認のあり方が存在することをこの論文は改めて明示してくれました。

また、それまで日本では第三の性と呼ばれる漠然とした性自認の概念しかありませんでしたが、「男女いずれでもない、あるいは男女いずれでもある」といった性自認にはそれぞれクラスタ[注1]があること、「男女以外の性自認」が、社会不適応や一過性のものでなく、一種の確立された性自認へ移行する可能性があることも示唆してくれたのです。

まずは、その佐々木掌子先生の論文をご紹介したいと思います。

注1　クラスタ（Cluster）とは……同種のものや人の集まり。群れ。

規定されないものとしてのジェンダー・アイデンティティ―ＭＴＸとＦＴＸの質的分類

日本学術振興会／東京大学大学院総合文化研究科　佐々木　掌子

【要旨】

心理学では、男女いずれかのアイデンティティを持っていない人はアイデンティティ拡散・混乱と捉えられてきた。それでは、ＭＴＸあるいはＦＴＸといった規定されないジェンダー・アイデンティティを〝拡散でもなく混乱でもなく〟持つことは不可能なのであろうか。

本研究では、ＭＴＸ一一名（三十九・四歳（ＳＤ十二・二））、ＦＴＸ一五名（二十八・八歳（ＳＤ七・八））を対象とし、目標とする姿に関する自由記述を求めた。

その結果、「過渡《かと》型」「揺曳《ようえい》型」「積極型」の三つのクラスタに分類された。

本研究により、〝拡散・混乱〟が「揺曳型」の一部に当てはまる現象であることが推察された。また「積極型」や「揺曳型」の一部では、男性にも女性にも回収されない、その他のジェンダー・アイデンティティを形作ろうとする記述もみられた。

このようにＸジェンダー・アイデンティティは一時的な状態とは限らず、一つの固定なありようとして形成しうる可能性が示唆された。

キーワード：アイデンティティ拡散、アイデンティティ混乱、ＦＴＸ、ＭＴＸ

【目的】

従来、心理学では、男性でも女性でもないジェンダー・アイデンティティを持つ者は、「アイデンティティ拡散・混乱」と捉えられてきた。では、拡散でも混乱でもなく男女以外のジェンダーのアイデンティティを持つことは不可能なのだろうか。

本研究では、〝拡散でも混乱でもなく〟規定されないものとしてのジェンダー・アイデンティティ（Xジェンダー・アイデンティティ）を持ちうるのか否かを明らかにしようとした。

【方法】

協力者は、性自認の欄を「両性」あるいは「どちらでもない」に回答したMTX一一名、FTX一五名。平均年齢はMTXが三十九・四歳（SD十二・一）、FTXが二十八・八歳（SD七・八）であった。「あなたの性自認の性別で目標とする姿、めざしている方向などを思いつくだけご記入ください」と自由記述を求めた。

【結果】

MTXとFTXの現在の医学的身体治療の程度と法的状況を表1にまとめた。ホルモン療法は、FTXで三分の一が実施し、MTXでは過半数が実施していた。

表1　FTX と MTX の現在の医学的身体治療の程度及び法的状況

	ホルモン	乳房切除	SRS	改名	戸籍変更	離婚	婚姻	子ども有
FTX（N =15）	4	3	0	3	0	1	0	0
MTX（N =11）	7	-	1	1	1	1	2	1

自由記述についてはＦＴＸ、ＭＴＸそれぞれ一人ずつ空欄であったため、全二四名の記述を分類対象にした。自由記述は記述内容から「過渡型」、「揺曳型」、「積極型」の三つのクラスタに分類された（表2）。

「過渡型」とは、男性あるいは女性のアイデンティティを持ちたいのであるが、現段階ではまだ自信がもてないため、明確に女性あるいは男性と自己定義できず過渡期にあり、現状では両性やどちらでもない性別であると自己をみなすありようである。

「揺曳型」とは、性自認が揺れているので、男性でも女性でもなく両性やどちらでもない性別であると自己をみなすありようである。

「積極型」とは、自己が規定されないジェンダー・アイデンティティであることに積極的な意味を見出しており、Xとしてのありかたを模索しているありようである。

【考察】

「揺曳型」は揺らぎのある状態であるため、これから「過渡型」あるいは「積極型」に移行することが予測されるが、この「揺曳型」に留まり、揺らいでいる自己を好きでいたいという記述もみられる。したがって、このような「揺曳型」についてはXジェンダー・アイデンティティを形成していこうとするものである

MTX	私の場合はまず性自認をはっきりさせること。その上で望む性で生き、自己を表現してゆきたいです。
積極型：積極的にXジェンダー・アイデンティティのあり方を模索している。	
FTX	おだやかに誰も憎まず、何を怒ることもなく、ただすべての命に感謝してすべてを愛しながら時を過ごせたらと思う。
FTX	男性であり女性でありたい。どちらでも通る状態でありたい。中性でありたい。
FTX	中間の性というものもあるのを知った。これまで生きてきた女性としての過去は捨てられないものなので中性として生きていきたいです。
FTX	男性・女性というカテゴリーに左右される事のない身体芸術表現の追求。
FTX	今のまま気張らずいられれば良い。物理的に服（中性的な）を増やせれば問題ない。
FTX	既存の価値観や生き方に固執しない自由な個人でいたい。マイノリティ全体に関われるような活動に参加し、少数派の認知度を上げたい。
MTX	ぼくが自分を出せて大きくなれればいい。
MTX	ホルモンは摂取しているが、生まれたときの身体の性と完全に反対に見てもらって社会生活をするまでになりたいとは思っていないので、「男くささ」が抑制される程度でよいと思っている。副作用で身体を害するよりは「何となく中性的な人」ぐらいで過ごすほうがベターである。
MTX	女の子の様に可愛い女の子、もしくは男の子。
MTX	ニュートラル（中性化）に男としても女としても生活できるようにしたい。外見は女性、内面は中性。

表2　Xジェンダー・アイデンティティの目標とする姿に関する自由記述一覧

過渡型：今は自信がないのでXアイデンティティであるが、今後、女性・男性アイデンティティが形成されると考える。	
FTX	カミングアウトして両親にも理解してもらう。ＦＴＭとして生活して、そういう人たちの役に立ちたい。
FTX	望みの性別に体が近づき、精神的に安定した。性別によりものごとを判断しない社会を作る。
FTX	自分のなりたい性で生活できる世の中になっていってほしい。
FTX	ホルモン療法、乳房切除は在学中にやりたい。改名もしたい。SRS、戸籍変更はもう暫らく様子を見てからやりたい。
MTX	性同一性障害は人権の面から語られがちですが、心の問題として内面を共有できる人が増えてほしい。
MTX	無理のない発声、自然という意味でのティピカルな服装、女性としての生活（具体的にはよく分からないが）。
MTX	女性の服装をする衝動に襲われ、性自認は女性であるので、将来は豊胸手術、腟形成を経て、女性として社会で生きていければベストであると考えています。
MTX	かわいいお母さんになりたいが不可能なのでどうしていいか分からない。自分の容姿がいやなので整形でもしないと女装はムリかもしれない。
MTX	普通に女性として街中を歩きたい。声も女性化したい。できれば肉感的な体になりたい。
揺曳型：ジェンダー・アイデンティティが揺れている。揺れを固めたい者もいれば揺れていたい者もいる。	
FTX	今は考えないようにしています。
FTX	性自認が昔にくらべてあいまいになっているので、特に目標とする姿がないです。ホルモンしてでも女性みたいな姿でもOKかなと思ってます。
FTX	今、はっきりと悩み中です。自分では、もう、胸とったので、どうでもいいのですがホルモンやっていないので、女に見られる男に見られる半分半分なのです。他の人が、接しやすいよう男になってた方がいいのかなと考えます。でもまあ、あんまり、やる気はないです。こうゆう人間もいるとあえて中途半端な感じを世にアピールしたいかな？
FTX	私は性自認がゆれています。女性ではないですが男性にも同一感がありません。それはそれとして、わたしはわたしでいいんだろうと思っています。そして、ゆれつづける自分をずっと好きでいたいです。

といえるだろう。
従来の心理学でいわれてきた「アイデンティティ拡散や混乱」と分類されるのは、揺れに対する自己受容がなく、揺れを固めたい「揺曳型」であると考えられる。「過渡型」や「積極型」は、自己表現が社会的に許容されずにアイデンティティ危機に陥る可能性はあるものの、アイデンティティ拡散や混乱とはみなせない。

【結　語】
ＦＴＸやＭＴＸは必ずしも不適応であったり、一時的な状態であったりするばかりではなく、一つの固定的なジェンダー・アイデンティティとして形成しうる可能性が示唆された。

※出典：佐々木掌子「規定されないものとしてのジェンダー・アイデンティティ――ＭＴＦとＦＴＸの質的分類――」『ＧＩＤ（性同一性障害）学会雑誌』３（１）四四頁～四五頁、二〇一〇年

1　Xジェンダーとクエスチョニング――モラトリアム[注2]としてのXジェンダー

クエスチョニングとは、自分の性別に迷いがあり、決めかねている状態にある人を指します。クエスチョニングは、クエスチョニング自体で確立されている場合と、ジェンダー・アイデンティティを確立するためのモラトリアムである場合と、ふたつの側面を抱えていることがうかがえます。前者の場合は、クエスチョニングであること自体が性自認のひとつとして確立しているため、本人も性自認を問われればクエスチョニングであると明言しますが、後者の場合、「性自認が確立できていないことへの不安や焦り」といったことからXジェンダーを名乗る場合もあります。

先ほどの佐々木先生の論文の中で紹介されていたクラスタはクエスチョニングにも当てはまるかも知れませんが、だとすれば、前者はクエスチョニングにとっての「積極型」、後者はクエスチョニングにとっての「過渡型」あるいは「揺曳型」と呼べるかも知れません。

では、この「規定されないものとしてのジェンダー・アイデンティティ」におけるXジェンダーとクエスチョニングの関係性はどのようになっているのでしょうか。

第一章で述べたXジェンダーのカテゴリとは、性自認の迷いや揺らぎはひととおり落ち着いた状態の分類を表すものであって、性自認自体が現在定まっているかどうかを示すものではありませんで

注2　モラトリアム（Moratorium）とは……アイデンティティを獲得するために社会的な義務や責任を猶予されている準備期間。大人になるために必要で、社会的にも認められた猶予期間を指す。

した。

「性自認に迷いがあって揺れている」ことと「性自認が流動的にいずれかの性へ揺れ動く」ことは違いますので、クエスチョニングは「不定性」というカテゴリを表した言葉でもありません。

「積極型」のXジェンダーの中には、このような「過渡型」や「揺曳型」の状態にある人をXジェンダーと呼ぶことに抵抗を示す当事者がいることも見逃せません。

Xジェンダーを名乗る人々の中でも、その後、やはり自分は性同一性障害だったと思い直すケースなどもあり、性同一性障害かどうかを見定める猶予期間としてとらえる人もいれば、「身体の治療まで望まない症状の軽い自分が、性同一性障害を名乗るのは、他の性同一性障害の人々に申し訳ない」という考え方から「性同一性障害を名乗りたくても名乗れない」ために、Xジェンダーという呼称を選択する人もおり、「過渡型」や「揺曳型」の人の心のあり様はかなり複雑なものとなっています。

特にMtFの場合は、排他的な傾向が顕著で、身体の治療を望まないMtFに対しては〝最低でも女性ホルモンの摂取をしていないと女性として認めない〟などの非常に厳しい対応がみられることもあり、かなり攻撃的な面もあるようで、それらを恐れてMtFであることを口にできない当事者もいるようです。

他にもクエスチョニングという自覚そのものがない人や、クエスチョニングという状態を表す言葉が存在すること自体を知らない人もいます。

「積極型」のように、自己の「規定されない性別」をしっかり自認し、確立している当事者にとっては、こういったモラトリアム状態の人々が、Xジェンダーという用語を「一時的な性自認の避難場所」として利用することが、Xジェンダーそのものを軽んじているように感じられ、都合良く利用されているような不快な気分になるようです。

また、Xジェンダーの性自認は、性同一性障害以上に、その実態が理解されにくいために、性同一性障害の人々からも「性別が男女に決められないのは一時的なもの」や「中性や無性などはただの勘違いである」と諭された経験をしている当事者も少なからずおり、モラトリアム状態の人々が一定の期間だけXジェンダーを名乗る行為は、シスジェンダーの人々だけでなく、そういった性同一性障害の無理解の人々に対し、さらなる裏付けの証拠を与えかねないという危機感も抱いています。

そういう点では、Xジェンダーと潜在的な性同一性障害の当事者を切り離し、住み分けることは、それぞれの当事者にとってもメリットはあるのではないかと考えられます。

モラトリアムとしてXジェンダーを名乗っている人々が、クエスチョニングを名乗ることで「積極型」のXジェンダー当事者は、シスジェンダーや性同一性障害の人々に無用な誤解を与えることなく、よりわかりやすく筋の通った説明をすることができ、一方の「過渡型」や「揺曳型」で自分の性自認を決めかねている人々は、クエスチョニングを名乗ることによって、自己の性自認が定まらないことへの不安や焦りを軽減できます。しかも「積極型」のクエスチョニングの人々とともに、クエスチョニングという性のあり方についても世間に広く周知させられることで、次はクエスチョニング自体の理解や社会的地位の向上、そして、性自認や性に関する生き方を決めかねている人々の精神衛生を助けることにも大いに役立つでしょう。

2　Xジェンダーと性別越境者《トランスジェンダー》

トランスジェンダーに関してつづられている著作物はすでに山のようにあります。それらは研究者や専門家、あるいは当事者が、その歴史や史実に基づいて紐解き、さらには実体験を通じて様々な角度から考察および検証したものばかりで、本書でそれらの内容に迫るほどの濃い内容を取扱うことは到底できません。

二〇〇〇年代初め頃のＬＢＧＴ関連の書籍を読み返すと、トランスジェンダーの事を「心と体の性が不一致である人」と説明されているものが多く見られましたが、性同一性障害との違いが分かりにくく、本書では、トランスジェンダーの性自認やトランスジェンダーという本来の言葉の意味について触れながら、Ｘジェンダーとトランスジェンダーの相違について考えていきたいと思います。

トランスとは、「乗り越える」や「逆側に行く」を意味するラテン語で、ジェンダーとは英語で「社会的な性別」を意味します（身体の性別はセックスです）。

つまり、トランスジェンダーとは、社会的な性別を出生時の性別とは反対側の性別へ越境する人のことです。

この言葉の中には、どこにも「体と心の性が不一致でなければならない」という条件は含まれていません。

トランスジェンダーは、よくLGBTの中のTと説明されていますが、この場合のトランスジェンダーとは、広義のトランスジェンダーであり、性同一性障害の中のTG（トランスジェンダー）として使われる狭義のトランスジェンダー（身体の治療までは望まない性同一性障害の当事者を指すもの）とは若干、意味合いが異なります。

しかし、性同一性障害のTS（トランスセクシュアル＝身体の性別を越境する人）の場合も、身体の性を移行すると同時に社会生活も希望の性に移行しているケースが多いため、広義の場合は、性同一性障害のTSもTGもトランスジェンダーに含まれると考えても支障はないかと思います。実際にFtMやMtFで身体の治療を終えた当事者がトランスジェンダーを名乗っているケースもあります。

インターネットなどでは「性同一性障害」が医学用語で、「トランスジェンダー」は俗称であるかのような説明をしているサイトがあります。しかし「トランスジェンダーは身体の治療を望まない人も多くいるため、トランスジェンダーの全員が性同一性障害ではない」とも書かれています。これでは、まるで「性同一性障害」は全員が身体の治療を望むかのような誤解を与えてしまいます。「性同一性障害」と診断されても、身体の治療を望まない人はいます。それが「性同一性障害」のTGと呼ばれている人々です。

性同一性障害のTGについては、次節の「Xジェンダーと性同一性障害」で詳しくのべることとし、ここでは、その広義のトランスジェンダーとXジェンダーについて考察してみたいと思います。

すでに本書で何度も登場している用語ですが、改めてアイデンティティとは何かを考えるならば、アイデンティティとは「自己同一性」のことであり、〝自己が環境や時間の変化にかかわらず、連続する同一のものであること〟とされています。

つまり、「たとえ場所が変わっても、過去も現在も未来もずっと一貫した状態であり続けるもの」です。

幼少期から老年期まで人は常に「自分は何者であるか」「どのような人生を歩みたいのか」ということを自問自答しながら生きています。そして、自分や周囲に対して「自分とはこういう人間である」という自己の存在を主張できるものをアイデンティティと呼びます。

「私」という自我が、生まれたときから死ぬまで、どこの場所に住んでも、何歳になっても変わらないのと同じように、基本的にアイデンティティというのは、ほぼ一生を通じて同じ状態であるもののことを指しますが、人生の途中から、それが自分のアイデンティティとして確立されるものも存在します。

それは職業であったり、役割であったり、人生そのものであったり、自分で選べるものから、選べないものまで色々ありますが、「どんな職業についたらよいのか」や「どう生きていくか」は、自分の意志で考えて決めていくことですが、当然、目や髪の色などの人種や、先天性疾患、身体の性別（性染色体）、家柄や家系などは、生まれつき変えられないアイデンティティに当たるでしょう。

では、「どんな性別で生きていきたいか」は「自分の意思で選べるもの」なのでしょうか。

ここで対象となるのは、心と身体の性別が一致しているにも関わらず、社会的に性別を移行している、移行しよう、あるいは移行したいと望んでいる人々のことです。

具体的には、メディアにおねぇキャラとして登場する人々をはじめ、ニューハーフや女装子《じょそこ》、最近では男の娘《こ》と表現されることも増えましたが、性自認は男性でありながら、マスコミで活躍する人や、ニューハーフクラブなどの水商売に従事する人、あるいは趣味で異性装をする人々はトランスジェンダーではないのでしょうか？

そういう人々の中には、実は最初から心と体の性に違和感や不一致がないという人もいます。ただ、生き方の一つとして、反対の性で生きたいと思っていたり、仕事としてお金を稼ぐ目的で女性の格好をしたりすることを選んでいます。

ですから、そういう人たちに性自認を聞くと、ハッキリと「私は男です」と答えますし、自覚もしています。

ニューハーフや異性装の人々全てが心と身体の不一致を感じているわけではないのです。

中には、ニューハーフの人であっても性同一性障害という概念を否定している人さえいます。

インターネット上などで目にする記事の中には、女装とトランスジェンダーを区別しているものがありますが、女装であっても女性の格好をしている間は女性として扱われたいという欲求を持っている人たちもいます。

つまり、女装をしている間の彼らは性の越境を望んでいると考えれば、性自認は身体と同じ男性であっても、広義のトランスジェンダーと言えなくはないでしょうか。

そして、そのように、心と身体の性の不一致を否定しているにも関わらず、ニューハーフや男の娘の中には、女性ホルモンを投与し、身体の治療までしてしまう人が少なからず存在します。

世間一般の人たちが「トランスジェンダー」だと思っている人々の中に「心と体の性が一致している」にも関わらず、反対の性で生きるために身体の治療をしてしまう人々がいるのです。

彼らがそのようなことをするのには、いくつかの理由があります。

そのひとつは、ニューハーフという職業における必要性です。

男性でありながら女性の格好をしてお客からお金を頂く時に、より女性らしくあるほど、お客はその出生時の性別とのギャップに驚き、興味を抱き、関心を持ちます。

つまり、女性にしか見えなければ見えないほど彼らのニューハーフとしての商品価値は上がっていくのです。

そのため、過去にはニューハーフとして入店した若くてきれいな男性には女性ホルモンの投与を義務づける店もあったといいます。特に性風俗の世界ではそれが顕著であり、両性具有的な体を好む性嗜好の男性を対象に、見た目は女性に近づけますが、陰茎などはそのまま残すという人もいます。

他にはストレート[注3]な男性が好きな男性の場合です。

もともと彼らはゲイであったのですが、彼らの好きな男性がゲイ男性ではなく、ストレートの男性だった場合、残念ながら男性である彼らは相手にされません。

そこで自分が女性になれば、好きな男性に振り向いてもらえるのではないかという思惑から、心や身体は一致しているにも関わらず、ライバルであるシスジェンダー女性に負けないよう体まで変えて女子力を磨いていくのです。

そのような行為をしてもなお、彼らをトランスジェンダーとは呼べないのでしょうか。

他にも異性装というとサブカルチャーとして、ゲイコミュニティから派生したドラァグクイーンというものがあります。ドラァグクイーンは「女性のパロディ」または「女性の性を遊ぶ」ことを目的としており、それを満たしていれば生物学上の性別は問わないとされています。

元々はゲイの男性が派手な衣装や厚化粧で女性をデフォルメして演出し、パフォーマンスを行っていました。

近年ではストレートの男性も加わるようになり、このことからも世間一般の人々にはトランスジェンダーと混同しやすいジャンルといえます。

もしも、トランスジェンダーが先ほどの「心と体の性が不一致である人」のみを指すのだとしたら、トランスジェンダーとは、Xジェンダー、GID、クエスチョニングなど自分の体の性に違和感を抱いている人だけを指す総称ということになります。

トランスジェンダーの事を「心と体の性が不一致である人」と定義するのであれば、Xジェンダーもトランスジェンダーになります。しかし、そうなれば、先ほどの例のように、シスジェンダーでありながら、反対の性別で生きたいと望む人々はトランスジェンダーではないことになります。

ここで改めて書きますが、Xジェンダーは「性別を出生時の性から反対側へ越境したい」とは思っていません。

注3　ストレート（Straight）とは……異性愛者のこと。

そのため、身体の治療も望まない、社会的にも反対の性に扱われたいとまでは希望しない当事者が大勢いるのです。

誤解を恐れずに言うのならば、Xジェンダーの人々は「今のままの自分をそのまま受け入れて欲しい」と思っています。

確かに体の性を不快に感じている当事者はたくさんいます。しかし、越境をして反対側へ行きたいのではなく、外見の性に縛られず、ありのままの自分でいたいだけなのです。

トランスジェンダーとは「出生時の性とは反対の性で生きよう（または、生きたい）とする人々」を指す言葉として使われており、Xジェンダーが「出生時の性とは反対の性で生きたいわけではない人々」を指す言葉として使われているのであれば、この二つの性質は異なるものであるといえるでしょう。

同じような心と体の性の不一致があっても、クエスチョニングはすでにLGBTQIAの中のQとしてトランスジェンダーとは分けて主体的に扱われています。

であるならば、Xジェンダーも「性別を反対側へ越境する人」という括りのTではなく、こちらも独立したXというジャンルでLGBTの中の一つに確立されるほうが適切ではないかと考えます。

Xジェンダーはこれまで性同一性障害の影に隠れて、その存在が表面化してこなかった割と新しい性自認の概念です。それを考えると、従来のトランスジェンダーの中に包括するよりも、新たにL

GBTQIAにXを盛り込んだLGBTQIAXとするのが、多くの性別移行を望まないXジェンダーを的確に表現した自然な扱いになるように思います。

3 X《エックス》ジェンダーと性同一性障害

ここでは、医学的な観点で性同一性障害やXジェンダーの性別違和を語るのではなく、〝反対の性を強く望む従来の性同一性障害当事者〟とXジェンダー当事者の関係性を道徳的な観点で今後どうあるべきかを提言していきたいと思います。

今も、Xジェンダーは「性同一性障害」の一種である、と捉えているXジェンダー当事者がいます。DSM‐5の「性別違和」という診断基準に則るならば、確かにXジェンダーはこれまで「性同一性障害」とされていた疾患名が「性別違和」に改まり、反対の性以外の概念も盛り込まれたことで「性別違和」の一種になったという捉え方はできると思います。

しかしそうではなく、Xジェンダーを、従来の〝反対の性を強く望む性同一性障害〟の一種と捉えているならば、そのXジェンダーの人々の主張は、性同一性障害の当事者が「反対の性」への強い帰属感を抱いていることに対し「反対の性」にそこまで強い帰属感を持たないXジェンダーのことを、単に「性同一性障害より性別違和が軽いだけなのだ」という解釈をしていることが想像できます。

その捉え方には、かつてＤＳＭ‐４以前のガイドラインで性同一性障害と呼ばれていた当事者間において、今も根強く残っているＴＳとＴＧという考え方が影響していることが多分にあります。

前節でも触れましたが、性同一性障害の当事者の間には、大きく分けてＴＳとＴＧという二つの概念が存在します。

ＴＳはトランスセクシュアルを指し、身体の性別移行を強く望む当事者のことを意味します。

一方でＴＧとは、そこまで強い身体の嫌悪感はなく、どちらかというと社会的に希望の性として扱ってもらえればそれで満足という考え方の当事者を指しています。

しかし、このＴＳやＴＧという概念こそが、性同一性障害の当事者間で、性別違和を感じる強さの度合いによって階級意識を根付かせる「当事者差別」という悪質な問題を引き起こしてきました。

この階級意識が、真贋議論と結びつき、ＴＳこそが真の性同一性障害であるという誤った至上主義（ＴＳ原理主義）[注4]を生み出してきたのです。

そして、これまでＸジェンダーの概念が日本に浸透するまでは、この性同一性障害のＴＧに、当時は〝自分がＸジェンダーだということに無自覚だった当事者〟が内包されていたのは間違いありません。そのせいで、内在的に男女以外の性自認をもつＸジェンダー当事者たちは、性同一性障害のＴＳを名乗る当事者たちから、明らかな差別の対象となるものもいたり、また、それらの標的になることを恐れて潜在的に息をひそめていたり、その男女以外の性自認を隠して怯えていた過去があるのは、表で堂々と語られていない事実でもあります。

恐らくシスジェンダーの人々には、性同一性障害が華やかに報道される裏で、このような陰湿な当事者間差別が横行していたことを知る人は少ないでしょう。

ですから「性同一性障害の性別違和は重く、Xジェンダーの性別違和は軽い」という重症度による比較で区分する考え方では、いつまで経っても、この「性同一性障害のTS原理主義による階級意識」を断つことが難しくなり、当事者間差別の根絶を阻む原因にもなってしまいます。

それは、社会だけでなく、もっとも頭の固い、生まれと反対の性を強く主張する性別二元論の性同一性障害の当事者に対して、性の多様性への理解を促すことへの妨げにもなるのです。

それは双方にとっても好ましい関係ではありません。

生まれと反対の性を強く主張する性同一性障害の当事者と、性の多様性を主張するXジェンダーは、同じ性別違和を抱えていても、社会に望むことも、希望する扱われ方もまるで違っていて、この二つは似て非なるものです。

ですが、その性別違和の違いによって衝突や争いを生むのではなく、お互いに理解しあって助け合い、共存していくことが、ともに性別違和を抱える当事者として理想の関係です。

それにも関わらず、Xジェンダーの存在を世間に対して「性同一性障害の症状が軽い人たちのこと」という従属関係のイメージを与えてしまっては、いつまでもXジェンダーの性別違和が独立した

注4　TS原理主義とは……性別違和を抱えるTS、TG、TV（異性装）の中で、SRS（特に陰茎／膣形成による性別適合手術）を希望し、生まれと反対の性にもっとも近い身体的形状を有するTSこそが「本当の性同一性障害」として一番偉い存在であり、TG、TVなどはすべて格下であるとする考え方。

ひとつの概念であるという主張として認められにくくなってしまいます。

確かに疾患であれば、その重症度によって症状の「軽い」「重い」は存在します。

しかし、ことが性別違和となるとまた話は別です。

性別違和の感じ方は人それぞれであり、目に見えない「性別違和」という感覚に対し、何をもって他人と比較し測るのか、そこに基準はありません。

人には個体差があり「我慢強い人」「ストレスを感じやすい人」「楽天的な人」「完璧主義な人」など、様々なタイプが存在するということを加味したうえで、他人の選択肢を語るならまだしも、陰茎形成／膣形成を希望する人々のみが耐えがたく著しい性別違和を抱えているとするのは非常に乱暴な主張です。

どんなに辛くても苦しくても歯を食いしばって頑張れる人もいるでしょうし、自分よりも周りの人々、両親や我が子のことを考え、自分さえ出生時の性別で我慢して生きていければと心を殺して生きている人もいます。

それらの背景や個人の性格を考慮せず、性別適合手術を望まないからと言って、すなわち「性別違和が軽いからだ」と判断するのはいかがなものでしょうか。

性別違和を抱える人々の中には何とか自分の中の性別違和と折り合いをつけて生きている人々も大勢います。

特にXジェンダーの当事者の多くは、社会と不要な摩擦を起こしたくないがためにカミングアウトすることもなく、ひたすら苦痛に耐えている人々もいるのです。

もしも、折り合いをつけて、我慢ができることを、「症状が軽いからだ」と考えるのであれば、「我慢が出来ない人」は幼い子どもと同様の精神発達しかできていないがために、自制がきかない状態であるという受け取り方もできるでしょう。

そのように個々の環境や事情を考慮せず、ただ闇雲に性別適合手術だけを望む当事者を「重症患者」と認定するのは、あまりに単純です。

一方で、性同一性障害の人々の中には、Xジェンダーの性別違和にまったく関心や知識のない人々も珍しくありません。

これまで出会った性同一性障害の人々からも「Xジェンダーって何?」や「そんな人たちホントにいるの?」と聞かれることもしばしばありました。

また、性同一性障害の交流会に参加したXジェンダーは、性同一性障害の当事者から「いつまでも中途半端にXジェンダーなどと言っていないで、男か女か、はっきり決めなさい」と迫られ、そのような場でさえも居場所がなかったと言います。

このように性同一性障害の人々であっても、「性自認は男女どちらかに分かれていて当然」と考えている性別二元論の人々や、Xジェンダーの存在そのものを否定し、歯牙にもかけないといった人々が未だに存在します。

これまで性同一性障害を名乗ってきた当事者たちにとっては「反対の性自認を抱えていることで自分たちは非常に悩み苦しんできた」という筆舌に尽くしがたい苦労をした経験をもつだけに、男女いずれかに明確に分かれないXジェンダーの性別違和に対しては、「世間の理解を妨げる」としてシスジェンダーの人々よりも、はるかに受け入れがたいことも少なくありません。

そのため、似たような性別違和を抱えていても、性同一性障害の人々の中には、Xジェンダーの性自認に納得できない人たちもいます。

しかし、時代は常に移り変わっています。

これまでXジェンダーに対して距離をおいていた性同一性障害の人々は、いつまでも今までのような無関心や無知なままではいられない現状に気付いて、これからは同じ「性別違和を抱える人々」という輪の中で、症状の程度の差や選択する治療によって優劣など、何ら上下関係は生じないのだという意識を、当事者の間で根付かせていけるように手を取り合っていきたいものです。

4　Xジェンダーと半陰陽――心の性はグラデーションか

性同一性障害やXジェンダーなどの心の性別違和を抱える人々が、「心の性」を語るうえで、頻繁に「性のグラデーション」という言葉を口にします。

この言葉が性別違和を抱える人々に広く浸透した要因を考えると、まず、LGBTのシンボルカラーが虹色（七色のグラデーション）であることや、他には、半陰陽の当事者である橋本秀雄氏が「性のグラデーション」という書籍を出版して、提唱していることも挙げられるでしょう。

橋本秀雄氏は『性を再考する―性の多様性概論―』二六七頁の「性はグラデーション」の章で「人類の身体の性はグラデーション」と、はっきり記していますが、橋本氏が唱える「性のグラデーション」という概念は、身体の性は生物学的に男女の判別がつかない状態が存在するということから、この言葉の真意は「心の性」というより「身体の性」を指した言葉として解釈するのが適切のように思います。

しかし、この言葉が、性同一性障害などの性別違和を訴えている人々に広まるにつれて、肝心の「身体の」という言葉が抜け落ちてしまい「性のグラデーション」という言葉だけが、独り歩きしてしまった結果「心の性」を表す言葉に、置き換えられたように感じています。

「身体の性」は、生物学的に男女という二極の状態が存在し、それを両極としてグラデーションを表現することは可能ですが「心の性」は、必ずしも「男女の中間性」だけが存在するわけではないため、男女を両極とするグラデーションで「心の性」を表すことは不向きであると思われます。

とりわけ「無性」は、そのグラデーションのどこにも存在しません。グラデーションそのものの概念が、すでに破綻してしまうのです。

そのことを考えてみても「心の性」をグラデーションとする見方には「心の性の多様性」には即さない部分が、どうしても生じてしまいます。

「心の性」に関しては、グラデーションの人もいれば、グラデーションでない人もいる、ということを踏まえることが必要であり、心の性別を男女二極の基準で語れる人たちのみが「性はグラデーションである」という言葉を使って「心の性」の多様性を一言で片付けてしまおうとするのは、その他の性自認の人々もいるという想像の欠如に他なりません。

もちろん、男女の中間に位置するグラデーションの性をもつ人々が、自分の性を個人的にそのような表現で説明することは何ら問題ありませんが、Xジェンダーの中には「グラデーションでは説明のつかない性自認もっている人々もいる」ということだけは知っておいていただきたいと思います。

性で悩む人たちを一様にグラデーションの枠の中に当てはめて考えてしまうことは、別の意味で性の多様性という幅広い概念への理解を狭めてしまうことになるかも知れません。

性別違和で悩む当事者らが「性別とはこういうもの」「心の性とはこういうもの」と誰かに分かりやすく端的に伝えたいと考えることは自然なことです。

しかし、その言葉が本当は何を意図して表現した言葉なのか、それはどういう意味で使われているものなのか、というところまでしっかりと把握していないと、その言葉の意味が正しく伝わらず、かえって矛盾が生じたり、言葉本来が意図しない用途に使われたりする危険性もあります。

「人類の身体の性はグラデーション」と唱える橋本秀雄氏の表現は、半陰陽の人だからこそ言える実感のこもった言葉だろうと思います。

半陰陽でない人々が、グラデーションの意味を深く考えないまま、「心の性」を簡単に他者へ表現できる言葉として、都合良く「性はグラデーション」という言葉を広めているのであれば、今一度、その言葉の由来をさかのぼって紐解いていただきたいと思います。

また、半陰陽当事者の人々が体感する「男女にはっきり区別されない性自認」について〝非常に共感できる〟とするXジェンダー当事者がいますが、半陰陽当事者の「男女にはっきり区別されない性自認」については、心の性が主体ではなく、体からでる性ホルモンの分泌が安定しないことによる揺らぎが主体になっていますので、そこは根本的な原因が異なるため、半陰陽当事者からは、不定性のXジェンダーがそのように訴えることについて〝同列に考えるべきでない〟との意見もあります。

半陰陽当事者の中にも、器質的に特定できる病理が見られない性同一性障害やXジェンダーの性自認については、懐疑的な見方をしている人々も少なくないようですが、それもまた致し方ないことかもしれません。

性別違和の多様性に関する探索的研究

——性別違和ステレオタイプとXジェダーに関する一考察——

五十嵐三恵子

Ⅰ　はじめに

性同一性障害の周辺の存在を想定している山内（二〇〇一）によると、性別違和を持つ人たちには、男性あるいは女性であるという明確で確固たるジェンダーを持つ者のほかに、多少あやふやな性別認識を持つ人もおり、ホルモン療法や性別適合手術などの医療的処置についても、希望する人もいれば希望しない人もいるように、生物学的性別に関する違和感のレベルは様々であるといいます（図1）。そして、「男／女寄り」や「男でも女でもない性（中性・無性・両性など）」というジェンダー・アイデンティティを持つXジェンダー（X-gender）と呼ばれる者もおり、そのバリエーションは様々です。Xジェンダーについての明確な定義はなされていませんが、「出生時に割り当てられた女性・男性の性別のいずれでもないという性別の立場をとる人々を指す。女性・男性の性別のいずれでもない性別を区分するかぎりでは、中性・無性・両性というあり方、性別という枠組みから脱するというあり方、男性か女性か定まりきらない流動的であるというあり方など人により様々である」と説明されてい

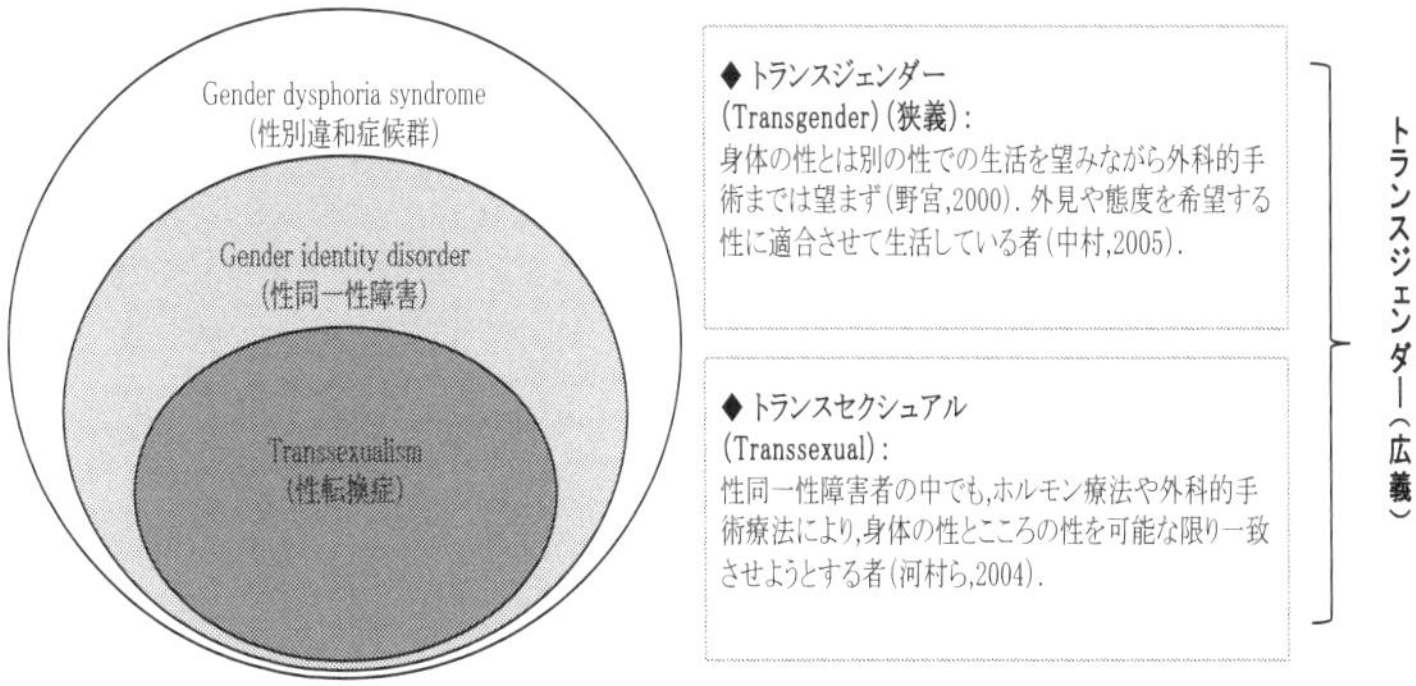

図1　性別違和を持つ人のバリエーション

ます［「Xジェンダー」『フリー百科事典 ウィキペディア日本語版』(http://ja.wikipedia.org/)。二〇一六年四月七日（木）09:07 UTC］。

　性別は男女どちらかしかないという性別二元制の社会において、「中間的な性」や「男でも女でもない性」というのは想像し難く、Xジェンダーのような人々の悩みや葛藤は、個人のジェンダーにおける問題であると解釈されてしまう事が多いといえます。吉永（二〇〇〇）は、性同一性障害が社会的に認知されるようになり、性別適合手術などの医療的処置がクローズアップされる一方で、男女どちらのジェンダー・アイデンティティを持たない人、男女両方のジェンダー・アイデンティティを持つ人、それが時間と共に交互に出現する人々の存在が忘れ去られていくことを危惧しています。また、性別適合手術などの医療的治療や戸籍訂正、生物学的性別とは〝反対〟のジェンダー・アイデンティティを持つといった「性別違和ステレオタイプ（竹内、二〇〇七）」が強化され、社会が性別違和を持つ人のステレオタイプな像を当事者に求めると、男性あるいは女性であると

表1　トランスジェンダーとトランスセクシュアルを連想させるような紹介文

トランスジェンダー：ＦＴＸ
私は、身体の性別は女性ですが、心の性別は女性ではなく、「男でも女でもない性」です。したがって、私は男・女という性別にこだわらず、自分の望む性で生きていきたいと思っています。また日常では、男性用・女性用の衣服両方を着用しています。 将来的には、性別を変えるための男性ホルモン治療と、男性への性別適合手術は、希望していません。現在は、「男でも女でもない性」として、自分の望む性で日常生活を快適に暮らすにはどうすれば良いかを考えています。
トランスジェンダー：ＭＴＸ
私は、身体の性別は男性ですが、心の性別は男性ではなく、「男でも女でもない性」です。したがって、私は男・女という性別にこだわらず、自分の望む性で生きていきたいと思っています。また日常では、男性用・女性用の衣服両方を着用しており、化粧をすることもあります。 将来的には、性別を変えるための女性ホルモン治療と、女性への性別適合手術は、希望していません。現在は、「男でも女でもない性」として、自分の望む性で日常生活を快適に暮らすにはどうすれば良いかを考えています。
トランスセクシュアル：ＦＴＭ
私は、身体の性別は女性ですが、心の性別は男性です。したがって私は男性として扱われることを望んでおり、男性として生きていきたいと思っています。また日常では、主に男性用の衣服を着用しています。 将来的には、性別を変えるための男性ホルモン治療と、男性への性別適合手術を希望しています。現在はその準備のために、男性として日常生活を快適に暮らすにはどうすれば良いかを専門家（医師やカウンセラーなど）と話し合っています。
トランスセクシュアル：ＭＴＦ
私は、身体の性別は男性ですが、心の性別は女性です。したがって私は女性として扱われることを望んでおり、女性として生きていきたいと思っています。また日常では、主に女性用の衣服を着用し、化粧をすることもあります。 将来的には、性別を変えるための女性ホルモン治療と、女性への性別適合手術を希望しています。現在はその準備のために、女性として日常生活を快適に暮らすにはどうすれば良いかを専門家（医師やカウンセラーなど）と話し合っています。

いうジェンダー・アイデンティティを持たない人、医療的治療を希望しない人に、かえって困難な社会生活を強いることが危惧されています（針間、二〇〇八）。

本文は、性別違和ステレオタイプが、Xジェンダーのように既成のジェンダー・アイデンティティやジェンダー観を持たない人々に、どのような影響を与えるかについて考察する探索的研究です。

Ⅱ　トランスセクシュアルとトランスジェンダーのイメージの相違

五十嵐（二〇一〇）は、トランスセクシュアルとトランスジェンダーのイメージの相違について分析するため、トランスセクシュアルとトランスジェンダーを連想させるような紹介文を作成し（表1）、印象を自由記述で求めました（表2‐1、表2‐2）。

肯定的な感想には、トランスジェンダーもトランスセクシュアルも、「自分の意思・考えをしっかり持っている」「自分に素直」「自分のことを理解している」といった内容がみられました。他方、否定的な感想については、トランスジェンダーとトランスセクシュアルで内容に相違がみられました。

トランスセクシュアルについては、「手術」や「男性／女性として生きること、扱われること」に焦点が置かれた内容が主であり、医療的治療や生物学的性別とは〝反対〟の性で生きる姿に対する肯定的な感想が目立ちました。対して、トランスジェンダーについては、「男でも女でもない性」というジェンダー・アイデンティティを持つことに対し、「優柔不断」「よく分からない・はっきりしない人」といった感想が多く見られていました。したがって、Xジェンダーのように、ジェンダー・アイ

表2-1　トランスジェンダーの紹介文に対する感想（自由記述）

	FTX	MTX
肯定的	・自分としっかり向き合えていて、誠実さや真剣さが伝わった ・この様に生きていくのはとても大変だと思うけど、 自分の信念をちゃんと持ってる ・自分の考えしっかりと持っている ・性別というのは男女しかないのに、それに逆らって生きようとするのが格好いい ・性別にとらわれない自由な印象 ・社会から押し付けられる「性」というものを超えて生きていこうとするスタイルには、さっぱりした印象・好感を持つ ・きちんと自分のことを理解している ・男女両方の気持ちが分かりそう	・自分に正直、素直な人 ・自分の思うように生きてて素敵 ・自由な人 ・自分の意見・考えをしっかり持っている ・性別を気にせず生きていることがすごい ・この先もＡさんらしく生きていってほしい ・前向きに生きている ・共感するところもある ・隠さずに男性・女性になっていて好感がもてた ・自分の意志をはっきり主張できていて尊敬する
否定的	・あいまい、不安定 ・「自分の性別と逆になりたい」という話は知っているが、男女どちらでもない性とは何なんだろう？と思った ・不思議な印象 ・中身が男ということで様々な苦労があったろうが、それでも手術しないのはなぜ？ ・性にこだわりなくあることは良いとも悪いとも思わないが、「男でも女でもない性」の曖昧さが引っかかった ・自分の望む性がはっきりしないのはどうなのかと思う ・少し臆病で弱気な感じの印象 ・男に対しての憧れがあるところがあると思う ・かなり我が強そうで友達にはなれそうにもない ・ウソをついている？ ・必要以上に「どちらでもない性」であろうとしている感じ ・どちらの性でもないということは、どちらもイヤだからなのか、どちらも選べなかったのか ・自分がこの人とうまく付き合える自信はない	・「男でも女でもない性」といっている割に、どちらかといえば女性寄り ・気が弱そう ・よく分からない、はっきりしない人 ・「男でも女でもない」なら今まで通りに過ごせばよい ・なよなよしい ・子供みたいな感じ、駄々っ子 ・心の病気は辛いと思う ・少しフワフワしている、まだ考えがまとまっていない感じ ・意志が弱い、優柔不断 ・少し矛盾点がある ・日常生活を快適に過ごすことは多少難しいと思う ・もっとしっかり落ち着いて考えてほしい ・男でも女でもない状態が良いという考えは、危うい感じ ・社会で生きていくことになると風当たりが強そう ・複雑な感じ ・とっつきにくそう

表2-2　トランスセクシュアルの紹介文に対する感想（自由記述）

	FTX	MTX
肯定的	・自分の意思を持ってる、ちゃんとしている ・自分の目標に向けて努力している ・自分のやりたいことがはっきりしている ・明確に将来について計画が立てられている ・まじめで自分と向き合っている人 ・性同一性障害の人としては冷静でしっかりしている ・世間を気にすることなく、自分らしく生きている面では強い ・自分を受け入れて前向きに生きていると思った ・前向きなあるいは素直な生き方をしている ・意欲的で責任感がある ・自分らしさを求めて頑張ろうとしている ・精一杯男として生きて欲しい ・性転換は自分の考えがあれば良いと思う ・自分で意志を決定しているようなので、貫き通してほしい ・性別も自分で自由に決めて良いと思う ・Aさんの考えはAさんだけのものであるから尊重されるべき ・頑張って欲しいと思った、くじけず頑張ってほしい ・まとまった印象を受けた	・自分のカラに閉じこもってないで、自分の体と心の違いにしっかり向き合っている ・自分のことを理解していて、回りの人にも理解してもらおうと努力している感じ ・自分のやりたいことや意志のはっきりした人 ・とても勇気のあることだと思う ・自分の気持ちに素直 ・自分の体を大切にしながら、決めたことは貫いてほしい ・自分らしく生きている ・現実的で行動的 ・ありのままの自分で生きたいという強い意志 ・挫折や苦難を乗り越えていく印象 ・自分を受け入れてもらおうという感じが伝わり、これから親交を結ぼうという気持ちになった ・女性として生きようと決断したことがすごい ・自分のやることはしっかりとやりとげる人 ・自分の意思をしっかり持っている ・女性になるための努力をしているのがすごい
否定的	・男になりたいなら、男として扱われたいというのは、少し良くない気がする ・近寄りがたい人 ・なぜ男として生きたいのか分からない ・性転換など考えられない ・男らしい女で生きれば良いのに	・性転換手術に対して本当は乗り気でないのではと感じた ・性転換手術を行っていないのに、女性用の衣服を着たり化粧をするのは気が早い ・まだ女性になりきれてない男性 ・男として生きてきたのに、女になりたがることは理解できない ・少し周りが見えていないような印象 ・手術をすれば完璧に女性として生きられるわけではないと思う

デンティティが既成の性規範に当てはまらず、性別違和ステレオタイプに合致しない者についてのイメージは、「男でも女でもない性」を持つことに対する〝疑問や違和感〟その個人から受ける〝ネガティブな印象〟であることが示唆されます。

Ⅲ　性別違和ステレオタイプに合致しないXジェンダーのインタビュー調査

五十嵐（二〇一〇）は、性別違和を持つ人の多様性の理解についてより洞察を深めるため、Xジェンダー当事者であるAとBへのインタビュー調査を実施しました。

1　どのようなジェンダー・アイデンティティを持っているのか

【Aの場合（二十代後半。生物学的性別は男性。社会人）】

Aは、自分の性が何であるかはあまり意識しておらず、自身のジェンダー・アイデンティティについては「分からない」が、「性自認は男性でも女性でもない」ので、「身体や生物学的なことを抜かして、あえて言うなら〝真ん中〟」と述べました。

Aは性別という概念について、「男女の違いというのは体型の違い」（生物学的な違い）に他ならず、それを超えたものであるジェンダーや性自認に関する区別や概念については、「自分がなぜそのように区別されるのか分からない」と語ります。したがって、「（男女ではなく）人間としてみてほしい」「性別を意識されないことが一番嬉しい」という思いがあります。また、「生き方としてはこのままでい

図２　ＡとＢが感じるそれぞれのジェンダー・アイデンティティ

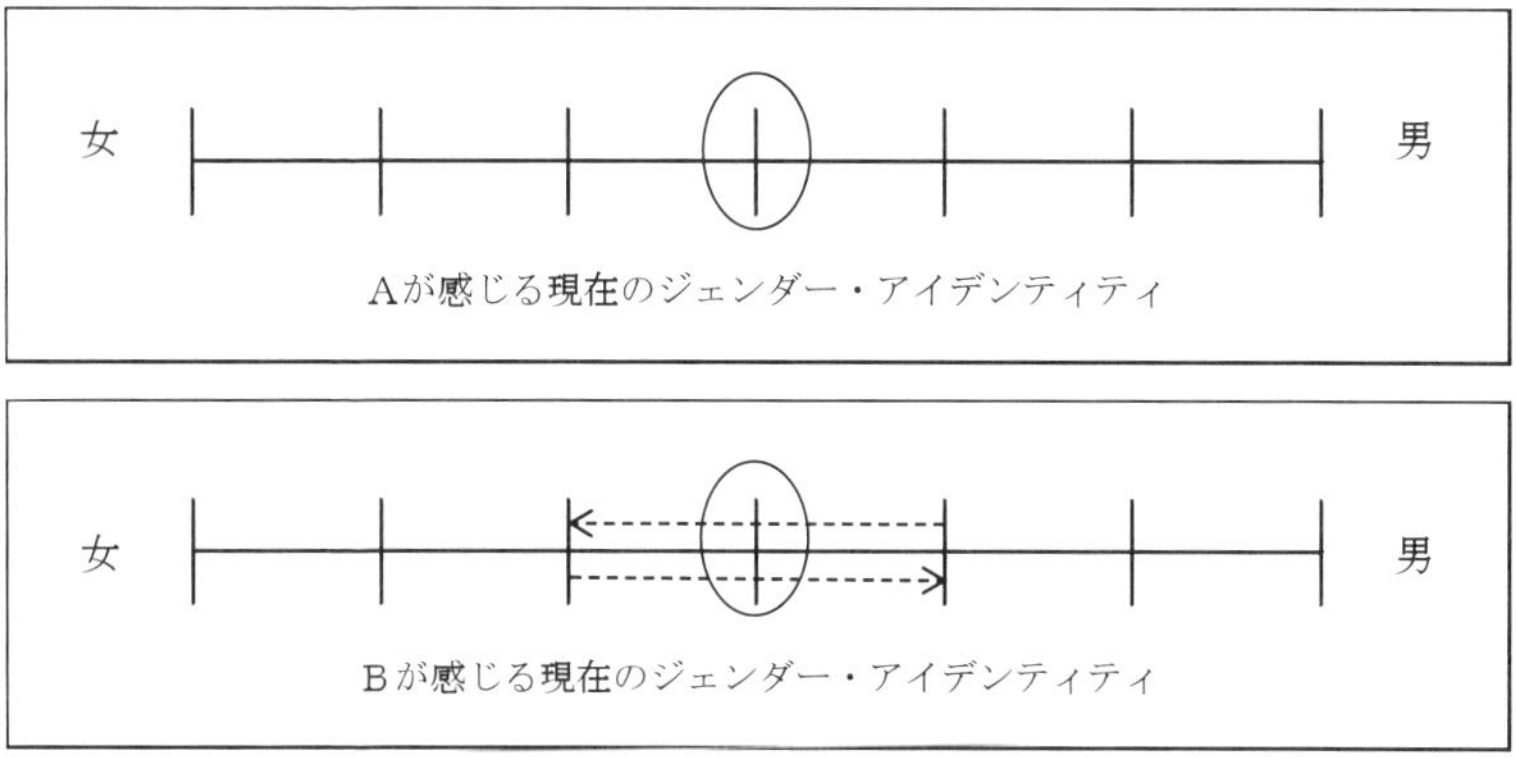

いし、今の自分のこれ以外考えられない。ずっとこれでありたい」と語りました。

【Ｂの場合（十代後半。生物学的性別は女性。大学生）】

Ｂは、自身を「ＦｔＸの中性」と表現します。そして、「一番目指してるのは〝真ん中〟」で、そこが「一番しっくりくる」が、「接する相手がカミングアウトした人か否かによって、男女の間を行ったり来たりする（自分の対応を女性寄り・男性寄りにする）」と述べました。

Ｂにとって女性というのは、「自分の精神的な部分とは違う存在」なのだといいます。したがって、「女の子扱いされるのが嫌」であり、女の子扱いされることは「何か自分じゃない感じがする」と語りました。また、服装など外見に関しては、「男の子と間違われたり、『どっちだろう？』という顔をされると嬉しい、本当に中性みたいな感じ」だと語ります。身体に関しては、「完全に男性になってしまうなら、中性のまま悩んでいる方がいい」と述べました。

2　現在に至るまで、どのようなプロセスを経たのか

【Aの場合】

Aが性別違和という言葉を知ったのは二十代前半、インターネット上で〝Xジェンダー〟という存在を知りました。それ以前は「（自分は）何か変だな」とは思っていましたが、それが性別違和なのかどうかは分からず、性別違和を感じ始めた時期は定かでないといいます。

そして、自身のセクシュアリティについて何かを感じ始めたのは、高校生のときであり、「女性になりたい気持ちが強かった」「他者とは何か違う」ことを感じていたと語ります。思春期の頃は、「男子はみんなエロいんだから」といった認識に対して不快感を抱き、「男の子と自分が一緒にされることがすごく嫌だった」といいます。

そして二十代半ば頃、女性と交際していたときは、相手やその親から男らしさを求められることに不快感を感じました。また、「体は男なのに何で男として扱われるのが嫌なんだろうっていう悩み方をしたわけじゃない」というAは、「男でも女でもない性」として生活する上でどのように他人と接していけばいいのか、どのように社会の中で馴染んでいくかという、いわば人間関係や社会生活についての悩みを多く抱えていました。その後、Aはブログや性別違和を持つ人の自助グループで〝同じような境遇〟にある人との交流を通して、他の当事者が思ったよりも明るく生きていること、様々な人がいることを知りました。そして、「ひっそり生きていかなきゃならないのかな」という思いが無くなったと語りました。

【Bの場合】

Bは、幼い頃は特に性に関して悩んだことはなく、Bにとって性別は「自分の外側の世界にあるもの」で、自分が女性あるいは男性だと思ったことはなかったといいます。Bが性別に関する違和感を抱き始めたのは、中学に入学した頃です。制服や靴など、何から何まで男女で区別され、男女分かれて行動することや、周りから強制される男女の区別や違いに戸惑いと反抗心を抱き、女友達との会話で交わされるファッションや恋愛の話にも、「ついていけない、共感できない」「自分は他の女の子とは違う」と感じます。そのような体験の積み重ねから、Bは自身の性別に対する違和感を覚えます。そこでBは、「女性じゃないなら男性かなって思って、男の子になろうと頑張った」が、男友達との会話内容や体格の違いから男性でもないと感じます。他方で「女の子らしくしなければいけないのではないか」という強迫観念に駆られ、女性になろうと努力しますが、「変に自分を抑えている」ことを痛感します。そして「どんなに努力しても、どっちにも入れない、どっちでもない状態」にモヤモヤしながら、「中性やどちらでもない中間の精神的な性別があればいいのに」という思いを抱き、過ごします。性同一性障害という言葉を知ってはいたが、調べてみても「体が女性の場合、心は男性になりたいと思うから、私はそれでもないんだ」「どこに居ればいいのか分からなかった」と語りました。

BがXジェンダーという言葉を知ったのは十代後半、予備校に通っていた頃です。FtXという言葉を知り、Bは「初めて肯定された」「自分を表す言葉が見つかった」と思い、喜びました。しかし、Xジェンダーという言葉はあっても、社会的にはまだ認知されていないことに対する不安も同時に感じました。大学生活では、交流しているグループ全員が男性で、彼らは「性格が中性的で可愛いものが好き。男らしく振る舞うんじゃなくて、自分らしく振る舞っている」と述べ、Bはもっと彼らの仲間に入りたいと思いましたが、根本的に生物学的違いがあることが気になり、「初めて自分を受け入れてくれたグループの子に嫌われたらどうしよう」というような不安を感じていました。自分を抑えるような状況からは脱して、以前より自然に振る舞うことができるようになりましたが、依然として、中性として生きていくことに対する社会的、物理的、精神的な不安がBを取り巻いていました。

3　現在のジェンダー・アイデンティティ形成を促した要因は何か

【Aの場合】

Aは、性別違和を持つXジェンダーの人のブログに初めてコメントした時期が、「一番揺らいでいた」と語っており、当時のAは自身のジェンダー・アイデンティティについて深く悩んでいました。しかし、ブログやコミュニティなどで当事者と交流するようになり、他の当事者が思ったよりも明るく生活していること、様々な人がいることを知り、自身の「分からない」というジェンダー・アイデンティティを肯定的に受けとめられるようになりました。つまり、当事者との交流を通じて多様なジェンダーや在り方に触れ、それを認識したこと、そして自分と〝同じような境遇〟にありながらも自身の性を全うしている人の姿から、〝自分の性を隠してひっそりと生きていかなくてもいいんだ〟という是認を受け取ったことが、自分自身を肯定する気持ちを後押しし、自身の在り方について「このままでいいんだ」と思えるようになったものと考えられます。

【Bの場合】

小学生の頃までは性別に関して無頓着であったBは、中学生になり明確な男女化を目の当たりにし、それまで「外側の世界」にあった性別が自分の「内側の世界」に入ってきたことで、自身のジェンダー・アイデンティティの問題に直面します。Bはこの時初めて、性別に男女という区別があること、他者は自分を女性の側へ分類していることを実感します。そして、自身が女性であることに対する違和感を覚え、〝男になる実践〟をしてみたが、実際はそれが上手くできず「どんなに努力しても、男女どちらにも入れない」という不適合感を感じます。この〝男女どちらにもなれない〟という不適合感は、言い換えれば、男性・女性どちらにも同一視できないということでもあります。私たちは、体型や声の高さといった生物学的特徴や、言葉遣いや友だちとの付き合い方といった性別的な振る舞いから、男性または女性どちらに割り当てられたものかを判別する性別的な記号を読み取ります。Bも、女友達との会話から女性に割り当てられた性別的な記号を読み取り、それに対して「ついていけない、共感できない」「自分は他の女の子とは違う」という不適合感を感じています。他方、男友達との会話内容や体格の違いから、男性に割り当てられた性別的な記号を読み取り、自分は「男でもない」という不適合感を感じました。つまり、生物学的特徴や性別的な振る舞いから、男性と女性それぞれに割り当てられた性別的な記号を読み取り、男女どちらにも同一視できない状態からその不適合感を確認し、「自分に一番しっくりくる状態は何だろう」と模索を繰り返したことが、現在のBの「中性」というジェンダー・アイデンティティ形成の過程に働いたものと考えられます。

4　ジェンダー・アイデンティティの形成を促した二つの要因

AとBの語りから、現在のジェンダー・アイデンティティの形成を促した要因は二つあると考えられます。

①　ジェンダーの多様性に対する認識

一つは、Xジェンダーという概念を知ったことや当事者との交流を通して、多様なジェンダーや在り方に触れ、それを認識したことにあると考えます。Aは、ブログやコミュニティなどで当事者と交流し、様々な人がいることを知りました。Bは、Xジェンダーを知ったことで「中性」という概念を身に付けました。両者とも、多様なジェンダーや在り方に触れ、それを認識しことで、自身のジェンダー・アイデンティティを受け入れられるようになったのです。したがって、ジェンダーの多様な在り方に触れ、それを認識したことが、自分の性を受け入れるきっかけや助けとなり、〝世の中には男と女しかいない〟という性別二元論に限定せず、自分が理想とするジェンダー像を実現可能なものへと再考しながら、ジェンダー・アイデンティティを再構築していったと考えられます。

②　Xジェンダーが果たす建設的役割（自己認識や居場所の確保）

二つ目の要因は、Xジェンダーが果たした建設的な役割にあるのではないでしょうか。Aの場合、Xジェンダーを知った当初は、Xジェンダーに対して「何でもあり」「強い自己主張を突き通そうとする人たちで、あまり好きじゃなかった」という思いを抱いており、「Xジェンダーにおさまりたくなかった」と語ります。しかし、Xジェンダーというもの以外に自分を言い表すものがないことや、「自分の性別をなるべくそのまま伝えるための言葉を探すことが生産的ではない」と考え、現在存在する性の分類に自分を当てはめた結果、「便宜上、Xジェンダーという器に納まった感じ」だと述べました。

Bの場合、Xジェンダーという言葉を知り、「初めて肯定された」「自分を表す言葉が見つかった」と喜ぶ体験をした一方で、Xジェンダーという言葉はあっても、社会的にはまだ認知されていないことに対する不安感を抱きました。しかし、BにとってXジェンダーを知り「中性」という概念を身につけたことは、自身の現在のジェンダー・アイデンティティの形成を促す上で有効であったと考えられます。

Xジェンダーを知り、そこに社会における自分の存在や居場所を確認することは、決してポジティブな側面だけではありません。

しかし、便宜的であれ自身をXジェンダーとして位置付けることは、自身と向き合うために身を寄せる居場所を提供し、自分らしさを発揮するうえで大きな役割を果たしていたことが推測されます。したがって、典型的な男性・女性どちらにも入れない人や入りたくない人々にとって、Xジェンダーのように自分を表現する形があるということは、〝世の中には男と女しかいない〟という性別二元論に限定しない、新しいアイデンティティを形作ることを促す（中村、二〇〇五）ことにおいて、建設的な役割を果たすことが示唆されます。

5　性別違和ステレオタイプに合致しないXジェンダーが経験する困難

①「男でも女でもない性」を持つ人に対する偏見

【個人のジェンダーの問題？】

Aは、Xジェンダーに対する周囲の反応は手厳しいと語ります。Aは友人から、「MtXの人は男社会に馴染めなくて逃げているだけ」「女性らしくしていれば女性に近づけるから、単に女好きなだけ」といったことを言われ、傷ついた経験を述べました。つまり、生物学的性別が男性で性別違和を持つ人の場合、ジェンダーに対する嫌悪や拒否など、男性性を受容できないことが性別違和を生じさせているのではないか、ということです。言い換えれば、性別の違和感は自分の性別に求められる性役割（男らしさ・女らしさ）への嫌悪や拒否によって生じるという認識が存在していることが示唆されます。

【性別に〝過敏〟な人？】

Bは、自分の性別に今まで何の違和感もなく生きてきた人からすると、「男でも女でもない性」を持つ人の存在は、「自分のこれまでの性の在り方を否定された」様な印象を受け、「自身のジェンダーに捉われ過ぎてる人」のように感じるのではないか、と語ります。つまり、「男でも女でもない性」というものは、性別二元制の社会の中で、性別は「男・女」しかないと確信してきた人々のそれまでの概念を覆すものであり、自身のジェンダー観を揺さぶられかねないものなのでしょう。そのうえ、社会の性規範に一致する性を持っていれば、社会生活を営む上で不具合を感じる度合いが小さくてすむ（小出、二〇〇一）にも関わらず、「男でも女でもない性」を主張する人たちは、あえてその性規範にはまらない、〝生きにくい〟であろう在り方を示している点で、社会の性規範に一致する性を持っている人たちからすると、逆説的に性別に〝過敏〟になっていると捉えられるのではないでしょうか。

【曖昧な性？】

Aは、自身の「男でも女でもない性」について悩んでいた時期を、「揺らいでいた」と表現する。Bは、自分たちのように「男でも女でもない性」を持つ人は、FtMやMtFから見れば、「どっちつかず」「曖昧」「中途半端な人間」だと思われているのではないか、と語りました。

AもBも、既成の「男・女」という性別枠に入っていないことが、〝曖昧〟〝揺らいでいる〟という認識を生じさせ、「男でも女でもない性」という背後にあるものが、「性が揺らいでいる」「性が曖昧」というネガティブな意味合いを持つことを感じ取っているのです。このような状態は、Xジェンダーのような人々にネガティブなイメージを与えるだけでなく、偏見や差別を助長することになりかねません。そして、「男でも女でもない性」につきまとう、〝揺らいでいる〟〝曖昧〟という認識が、自分自身を受け入れることをさらに困難にさせる要因となるのです。

【当事者間の溝】

Bは、インターネット上で、XジェンダーがFTMやMTFから〝偽者《にせもの》〟と非難されていることを述べ、「仲良くしようよって思う」「身内争いしてるみたい」と語りました。鶴田（二〇〇七）は、性同一性障害のコミュニティの中で、性同一性障害として認められるための基準が当事者間で生み出され、序列を作り、相応しくないと思われる人を排除しようとすることで、性同一性障害としての正当性を強めようとしている現状を報告しました。Bがインターネット上で感じたことは、性同一性障害に相応しくないと思われる人を〝排除〟しようとする動向、つまり性別違和ステレオタイプの強化であり、当事者が自身を正当化するために行っている〝身内争い〟が生じている現状を反映するものです。言い換えれば、男性あるいは女性への帰属を要求する社会において、ステレオタイプな男性性や女性性に訴えなければ、社会的に認めてもらえない者の苦難の表れでもあります。

② 医療的治療・既成の性規範の壁

【医療的治療の壁】

Aは、ホルモン療法や性別適合手術など、医療的治療を必要としている人々について「切実な状態」であると表現し、そのような人を見ていると、（現段階において）医療的な治療を必要としていない自分は、「これで悩んでるなんて申し訳ない」と語りました。

つまり、医療的治療や支援を必要としているか否かということが、性別違和を持つ人にとって自らの位置づけを判断する一つの基準となっていることが推測され、医療的治療を基準とした序列意識や価値観が形成されていることが推測されます。それは、性別違和を持つ人々の中での差異化のために〝身体レベルの違和感〟が強調されるようになったことや、性同一性障害の医療化の在り方がトランスセクシュアルが中心となる構造を作り出し、トランスジェンダーやトランスヴェスタイト（社会的に生物学的性別と異なるとみなされる服装をする人（宮地、二〇〇四））に対する差別意識を作ることになったことを報告した、竹内（二〇〇七）の指摘に相応する。したがって、医療的治療を希望していない人や必要としていない人は、〝切実な状態〟から低いグレードに位置付けられることが推測されます。本来は個人の選択であるはずの医療的治療を基準として、自身の性別違和のレベルが推し測られ、医療的治療や支援の有無、その種類が、個人のジェンダー・アイデンティティに関わらず、その人の性別違和の重度や真偽を判断する一種の目印として用いられていることが示唆されます。

【ジェンダー・アイデンティティの壁】

Aは、ＦｔＭ・ＭｔＦとXジェンダーは、性別違和という大きなカテゴリでは同じだが、「性別的な主張は全く違う」ものであるため、両者が「分かり合うことは難しい」と語ります。なぜなら、A曰く「ＦｔＭとＭｔＦは男女と同じ」なのだといいます。定かではありませんが、XジェンダーとＦｔＭ・ＭｔＦの性別的な主張の違いというのは、ジェンダー・アイデンティティと、それに伴うジェンダー観であると考えられます。ジェンダー・アイデンティティが男性または女性であるＦｔＭやＭｔＦは、社会における既成の性別を自認している点から、ある意味、性別違和を抱えていても性別違和を持たない男女と同じであり、既成の性規範に則る存在として認識される可能性が高いといえます。他方、Xジェンダーは既成の性別を自認しておらず、既成の性規範に当てはまらないという点から、ＦｔＭやＭｔＦとは異なる存在であり、「分かり合うことは難しい」のではないでしょうか。そこには、既成の性別やジェンダーからの脱却を目指す人々と、既成の性別やジェンダーからの脱却を目指しながらも、既成の性別やジェンダーへの「再ジェンダー化（蔦、一九九五）」をたどる人々の間の距離感が感じられます。

Ｂは、「性自認が男か女でしっかり決まっている人」であれば、「目指すゴールが明確なのではないか」と語ります。Ｂが考えるゴールとは、「手術して自分の心に合った体にする」ことであり、「性自認がしっかり決まっている人」は、そのような明確な目標を持ちやすいと述べます。したがって、ジェンダー・アイデンティティが〝明確ではない（男・女ではない）〟ＦｔＸの自分は、「最終的なゴールがよく見えないし、モデルとなる体もない」というのです。つまり、〝明確〟なジェンダー・アイデンティティを持つことが、〝ゴール〟へ辿り着くことへの前提条件であり、ジェンダー・アイデンティティが〝明確でない〟人は、医療的治療に頼ることができず、〝ゴール〟である〝男または女〟になることができない、というマイナスの状況を認識していることが伺えます。

③　日常生活における生き難《にく》さ

【「男でも女でもない性」についての説明の難しさ】

Ａは、「男でも女でもない性」である自身の状態を説明することは、「すごく難しい」「分かってもらえないし、違う解釈（性別違和ではない解釈）をされることがある」と語ります。それは、インターネット上で接した人に男女どちらなのか尋ねられ、「どちらでもない」と返答したところ、「じゃあ、女の人なんですね」と言われた経験に由来します。Ａは、男女どちらかに分類されることに疑念や不快感を抱き、「男でも女でもない性」についての説明の難しさを感じていました。
　Ｂは自身について、「体は女性なんだけど精神的には（男女）どちらでもない」と説明すると、「結構みんな受け入れてくれる」が、「中性」と言うと「みんなだいたい分からない」と語り、自身の「中性」というジェンダー・アイデンティティを説明することの難しさを感じていました。また、「性同一性障害という言葉を使うと、結構知ってる単語だからピンとはくると思うけど、ＦｔＸなんて誰も知らないし、中性といってもピンと来ない」と語ります。注目したいのは、Ｂが性同一性障害については説明可能であると感じていながらも、それを避けていることです。なぜなら、仮に性同一性障害だと説明すれば、ＢはＦｔＭというカテゴリに位置付けられ、性別違和ステレオタイプを求められたり、「中性」というジェンダー・アイデンティティを主張することができなくなる可能性を感じているからではないでしょうか。したがって、ＢもまたA同様に、「男でも女でもない性」について説明することの難しさを感じており、さらにそれが「どう説明したらいいのか分からない」状態を作り出し、カミングアウトを困難にさせているのです。

【ロール・モデルの不在】

Ｂは、自身の将来について、「中性という性自認に体を合わせてしまうと、制度的にも社会では生きにくくなる」と語ります。そのため、Ｂは女性の身体に男性用の衣服を着用することで、外見を「中和する」といいます。「中和する」という表現は、性別は男・女しかないことを前提とする社会の中で、「中性」という自分が望む性を表現する数少ない方法です。しかし、外見を自分の望む「中性」

として表現することはできるが、人間関係、身体的な違和感、医療に関する知識の不足、経済的な問題など、中性として生きていくことに対する様々な不安がBを取り巻いています。それは、「これから自分はどういうスタイルで生きていけばいいんだろう?」と語るBの言葉にも表れています。自らが共感し目標とする存在や、自己の精神的な発達を導き促してくれる存在は、自分が生きていくうえでの重要な指針となります。しかしながら、マス・メディアや日常生活において、「中性」という生き方を実践している人物を見ることは難しく、「中性として生きる」ために参考にできるようなモデルを見つけることは容易ではありません。したがって、社会的に中性として生きるというスタイルがどういうことなのか模索中であるBにとって、中性としてBらしく生きていくうえでの〝ロール・モデルの不在〟が、自身の将来像や生涯におけるライフプランを描くことを困難にさせているのです。

【居場所がないこと】

Bは、Xジェンダーを知る前は、男女どちらにも入れない状態にモヤモヤしながらも、「一応女性という枠の中に片足を引っかけてるような感じ」であり、社会の既存の性別(女性)に入っている点から、社会的に居場所がある状態でした。しかし、Xジェンダーを知った後は、自分は「もう女性ではない」と感じ、自分の存在自体が社会の中から消され、居場所をなくしたような心境に陥ったと語りました。したがって、自ら典型的な男性あるいは女性への帰属を望まない者からすれば、二元的な性別観により構築された社会に居場所はない(筒井、二〇〇三)のであり、「男でも女でもない」人々は、自身の居場所や存在が不明瞭であると感じることで、社会の中で自分をどこに位置付けていいのか分からない心境に陥り、自分の居場所や存在を確認することが困難になるのです。

以上より、性別違和ステレオタイプに合致しないトランスジェンダーが経験する困難は、自分自身を受け入れることや自分の在り方を主張することを妨げ、ジェンダー・アイデンティティの形成に支障をきたす要因となることが示唆された。自ら典型的な男性あるいは女性への帰属を望まないトランスジェンダーにとって、性別違和ステレオタイプは、自分の望む性で自分らしく生きることを阻むものであるといえます。だからこそ、多様なジェンダーの在り方があることや、自身の生物学的性別に違和感や不一致を感じる人の多様性について理解を深めるだけでなく、個人がそれぞれのアイデンティティやライフスタイルに基づき、生きやすい在り方を選択できる社会が求められているのではないでしょうか。

また、性別違和ステレオタイプに合致しないトランスジェンダーのように、周縁化された人々やカテゴライズが難しい人々(竹内、二〇〇七)については、なかなか焦点が当てられず関心を向けられないことから支援が遅れている現状があります。そのため、例えばカウンセリングやコミュニティへの参加など、具体的にどのような支援を求めているのかについて調査することが、今後の課題であると考えます。

(注)本文は、五十嵐(二〇一〇)を修正し、まとめたものです。

引用文献

五十嵐三恵子「トランスジェンダーの多様性に関する探索的研究――質問紙調査・インタビュー調査を用いて――」文京学院大学修論文、二〇一〇年。

針間克己「性と性同一性　心理臨床の観点から　性同一性障害と精神医学」『臨床心理学』八（三）三五四〜三五九頁、二〇〇八年。

小出寧「性別受容性尺度の作成」『実験社会心理学研究』四〇（二）一二九〜一三二頁、二〇〇一年。

宮地尚子『トラウマとジェンダー臨床からの声』八〜四五頁、金剛出版、二〇〇四年。

中村美亜『心に性別はあるのか?』五九〜一〇一頁、医療文化社、二〇〇五年。

竹内あすか「トランスジェンダーの医療化がもたらしたもの　トランスジェンダーコミュニティ内の中心周辺化構造の生成についての一考察」『龍谷大学大学院研究紀要　社会学・社会福祉学』（一五）一〜一六頁、二〇〇七年。

蔦森樹「ジェンダー化された身体を超えて」岩波講座、現代社会学『ジェンダーの社会学』岩波書店、一九九五年。

筒井真樹子「消し去られたジェンダーの視点　性同一性障害特例法の問題点」『インパクション』（一三七）一七四〜一八一頁、二〇〇三年。

鶴田幸恵「正当な当事者とは誰か「性同一性障害」であるための基準」『社会学評論』五九（一）一三三〜一五〇頁、二〇〇八年。

山内俊雄『性同一性障害の基礎と臨床』新興医学出版社、一四七〜一四九頁、二〇〇一年。

吉永みち子『性同一性障害　性転換の朝』一五八〜一五九頁、集英社、二〇〇〇年。

あとがき

Ｘ《エックス》ジェンダー会員制自助サークル「label《ラベル》 Ｘ《エックス》」主宰者　水野瑛太

改めまして、本書の執筆および編集をさせていただきました水野瑛太と申します。

私は、Ｘ《エックス》ジェンダー会員制自助サークル「label X」という団体を主宰しています。

ちなみに、最初に申し上げておきますが、私自身はＸ《エックス》ジェンダーではありません。

いわゆるアライ（ally）[注1]と呼ばれる理解者の立場です。

Ｘ《エックス》ジェンダーではない私が「なぜ、このような活動をしているのか」「きっかけは何なのか」など、よく尋ねられますが、もちろん理由は幾つかあります。

ですが、ここでは私がその活動に至ったこれまでの経緯や、私自身が抱える個人的な背景よりも、〝Ｘジェンダーのアライ（ally）はどうあるべきか〟ということについてお伝えしたいと思います。

注1　アライ（ally）とは……英語で「同盟・支援」を意味するally《アライ》が語源で、当事者ではない人が、当事者を理解し支援するという立場を明確にしていることを指す用語。ＬＧＢＴの非当事者であることを示すために一部で「ストレート（異性愛者）・アライ」とも呼ばれるが、Ｔに含まれているＧＩＤ当事者は異性愛者も多いため、この表現は的確でないと本書では考えます。

以前、あるテレビ番組の取材で、このような質問を受けたことが、とても印象に残っています。「視聴者から〝Xジェンダーのアライ（ally）になりたいです。アライ（ally）になるためには、どうしたらいいですか?〟というメッセージがきたのですが、それについては、どうお考えになりますか?」と。

当たり前ですが、Xジェンダーのアライ（ally）になるのに、特別な資格や能力は、何も必要ありません。

ですが、これまで当サークルの会員たちを含め、延べ二〇〇名以上のXジェンダー当事者とネットや実社会を通じて関わってきた立場から、もし幾つかのアドバイスをするとすれば、一番目に大事なのは、言うまでもなく、〝一人でも多くの当事者と積極的に関わること〟です。

直《じか》に関わらずして、理解することは不可能です。

また、テレビやマスコミ、インターネットや書籍を通じて知る内容が、必ずしも事実であるとか、正しいとは限りません。そこには制作者の意図があったり、記者の表現が誤っていたり、伝える側の持論が含まれていることも否めません。他にも、時代とともに一般的に広まっていたものが、のちに実際はそうでなかったと判明することもあります。

Xジェンダーという概念自体に答えがない以上、この本もそういった危険性をはらんでいるという想定のもと、最終的に何を真実とするかは、読者の判断に委ねられるものでもあると思います。

私も本書を著すにあたって、改めて可能な限り「性別違和」や「トランスジェンダー」に関する書籍を取り寄せ、目を通してみましたが、中には知識の乏しい人々に対して大きな誤解を与えてしまいかねない表現がされているものもありました。すべてを正しく伝えるという行為はなかなか難しいものです。

そして、Xジェンダーには二人として同じ性自認がないということも言われており、同じ中性を名乗るXジェンダーであっても、一人や二人の当事者から話を聞くだけでは十分でないこともあります。そのようなことから、とにかく、まずは一人でも多くのXジェンダーと直接会話をすることから始めてもらいたいと思います。

まさしく〝百聞は一見に如かず〟です。

実際に、目の前で会って聞いた当事者の話は、内容のいかんに関わらず〝その当事者が話した事〟であることは、紛れもない事実です。その中には、きっと「この人の話は本当のことなのか？」という疑問が沸いてくる場面もあるでしょう。ある意味、そこも避けては通れません。しかし、そこで疑問が沸いてきたときこそ、実は、Xジェンダーをさらに深く知ることができるチャンスでもあるのです。

とことん、自分が納得いくまで、質問してください。

Xジェンダーの人々は「理解してもらいたい」「もっと知って欲しい」そんな風に思っている人々が多く存在します。ですから、疑問に思うことは〝疑う〟のではなく、〝聞く〟という姿勢が大切です。様々な質問をぶつけていくうちに、自然と活発なコミュニケーションができていることに気づくでしょう。私もよく、いじわるな質問をして、これまでにもXジェンダーのみなさんを困らせたことが、しばしばあります。

そんなときも、面倒臭がったり、適当に流したり、不愉快さをむき出しにすることなく、真摯に受け答えしてくれたXジェンダーの人々には、本当に有り難く思っています。それがきっかけで、仲良くなれたXジェンダーの人たちも大勢います。

みなさんが、もしも「Xジェンダーの人と知り合いたいけれど、どこへ行けば会えるのか分からない」と迷うなら「label X」で年に一度（例年九月頃）主催しているXジェンダーの講演会へも、ぜひ一度、足を運んでみてください。そこでは、普段なかなか出会えないXジェンダーの人々が、自分たちの性について、活発に意見交換をしている場面に遭遇することもできると思います。

アライ（ally）になりたいと思う人々に、二番目に伝えたいのは〝Xジェンダーの人々を、腫れ物を触るように扱わなくて良い〟ということです。これはすべてのSOGIについても同様のことが言えます。

「分からないから変なことを言って傷つけてしまったらどうしよう」と恐れないでください。

「もしかしたら、不愉快な思いをさせてしまうかも」と不安に思わないでください。

「傷つけてしまったら」と心配に思うなら「もしも、失礼なことを言ってしまったら、ごめんなさい」と最初に言えばいいのです。

ときには考え方のすれ違いや、意見の相違から、諍《いさか》いに発展してしまうことがあるかも知れませんが、それはXジェンダー当事者以外の相手でも起こりうることですし、みなさんが故意に傷つけようとしない限り、誠意をもって対応すれば、相手もきっと分かってくれます。

「互いに理解しあいたい」という気持ちがあれば、Xジェンダーの当事者も、時にはみなさんから手厳しい意見をもらっても、きちんと向き合い、一生懸命に自分を伝えようとしてくれるでしょう。

「どうせ、当事者じゃないから、あなたには分からないでしょ」と言われたら、「だったら、分かるように説明してほしい」とお願いすればいいのです。目の前の当事者を蔑ろにして、最初から既にある知識だけで接しようとするから、相手は失望するのです。

本書で、当事者のみなさんも話していましたが、「Xジェンダーってこうでしょう?」と決め付けるのではなく、まずは「Xジェンダーってこういう人たちのことだと聞いたけど、あなたはどうなの?」と相手の性自認のあり方に耳を傾け、そこからXジェンダーについて一緒に語り合う姿勢をもってください。

そして、三番目は、〝無理に理解しようとしないこと〟です。

Xジェンダー当事者でない人にとっては、その複雑な性自認や感覚は、いくら話を聞いても理解ができない、納得がいかない、そういうことも珍しくありません。ですから、Xジェンダー以外の人々も、Xジェンダーの主張が理解できなければ「私には理解できない」とハッキリ言っていいのです。理解できないことと、拒絶は違います。無理に分かったふりをしなくていいのです。

Xジェンダーの人々が性別を押し付けられたくないと思うのと同じ様に、Xジェンダー以外の人々も〝理解すること〟を押し付けられたくない、強制されたくないと感じるのを無理に我慢することはありません。それは感覚や経験の違いであって、差別ではありません。

「理解しなければ差別していると思われるのではないか」と思ってしまうと「理解できない自分はやっぱり関わらないでいるほうがいいのだ」という無関心に繋がります。

世の中のことをすべて理解しないと生きていけないわけではないように、「分からないことは分からないまま」でいいのです。そこに、思いやりと寄り添う気持ちがあれば。

Xジェンダーであっても、人であることには変わりありません。

だから、Xジェンダーであっても、それ以外の人々であっても、相手を気遣う気持ちがあれば、誰でも誰かのアライ（ally）になれます。

先ほど、アライ（ally）になるために特別な能力は必要ないと書きましたが、もしも、敢えてアライ（ally）になるために何が必要かと答えるのならば、〝相手を受け入れ、尊重しようとする心〟でしょう。

もちろん、それはXジェンダーのアライ（ally）になるために限った特別なものではなく、きっと〝誰かの理解者になりたい〟と願うすべての人に共通することだと思います。

みなさんが〝Xジェンダーのアライ（ally）になりたい〟と希望し、それを自分の意思や行動として表現した瞬間から、みなさんは、〝Xジェンダーのアライ（ally）である〟と言えます。

一人でも多くの非当事者のみなさんが、Xジェンダーに関心を持ち、アライ（ally）として存在してくれることを心より願って止みません。

二〇一六年九月

＊本書の記事内容は、引用部分ならびに寄稿、転載部分については各著作者に帰属します。なお、その他の文責はすべて水野瑛太が負うものです。

謝辞

本書の編著・出版にあたり、こうして無事に上梓することが出来たのは、論文の掲載を快く承諾してくださった佐々木掌子先生とＧＩＤ学会事務局の皆様、また、折りに触れて原稿の進捗を気にかけていただきつつ執筆にもお時間を割いていただいた、はりまメンタルクリニックの針間克己院長、そして、ご多忙にも関わらず原稿を寄稿していただいた戸口太功耶様、ＳＰＦデール様、五十嵐三恵子様、さらに放送内容の掲載にもご快諾いただきましたＮＨＫの釼吉《けんよし》民和様ならびに中島潤様、今回、活動のご紹介をさせていただいた特定非営利活動法人レインボー・アクションの皆様、今回の出版に名乗りをあげてくださった緑風出版の高須ますみ様、他にも、書籍出版のプロジェクトを立ち上げてからご相談に乗ってくださったクラウドファンディング「マクアケ」の三田村恵里様、そのクラウドファンディングで書籍の出版を応援してくださったサポーターの皆様、そして、貴重な時間を割いて取材に応じてくださったＸジェンダーの皆様ならびに膨大な設問数にも関わらず最後まで根気よくアンケート調査に回答していただいたＸジェンダーの皆様のおかげです。この文面をもちまして、ご支援・ご指導・ご協力いただいた皆様へ心から感謝の気持ちと御礼を申し上げます。

ありがとうございました！

主要引用・参考文献一覧

【引用】

〈引用ウェブサイトリスト〉

医学書院『週刊医学界新聞』http://www.igaku-shoin.co.jp/paperDetail.do?id=PA03144_01 第三一四四号 二〇一五年十月五日

Merck & Co., Inc., Kenilworth, N.J., U.S.A.『THE MERCK MANUAL ONLINE MEDICAL LIBRARY』http://merckmanual.jp/mmpej/index.html（閲覧日は各引用文にて個別に記載）

〈引用オンライン辞典リスト〉

ウィキメディア財団『フリー百科事典 ウィキペディア日本語版』https://ja.wikipedia.org/（更新日時は各引用文にて個別に記載）

はてなキーワード http://d3hatena.ne.jp/keyword/（閲覧日は各引用文にて個別に記載）

〈引用文献リスト〉

針間克己 平田俊明『セクシュアル・マイノリティへの心理的支援』岩崎学術出版社 二〇一四年

八月二十八日　第一刷発行

橋本秀雄 花立都世司 島津威雄『性を再考する 性の多様性概論』青弓社 二〇〇三年五月二十一日 第一刷発行

米沢泉美『トランスジェンダリズム宣言』社会批判社 二〇〇三年五月三日 第一刷発行

『心理臨床学事典』日本心理臨床学会 平成二十三年十一月十五日 第二刷発行

『心理学事典』平凡社 二〇〇一年七月十七日 初版第十四刷発行

上野千鶴子 他『バックラッシュ！なぜジェンダーフリーは叩かれたのか？』双風舎 二〇〇六年七月十五日第二刷発行

伊藤悟 虎井まさ衛『多様な「性」がわかる本』高文研 二〇〇二年十二月一日第二刷発行

若桑みどり 他『「ジェンダー」の危機を超える！徹底討論！バックラッシュ』青弓社 二〇〇六年八月二十三日第一刷発行

高橋 三郎（翻訳）、大野 裕（翻訳）、染矢 俊幸（翻訳）、神庭 重信（翻訳）、尾崎 紀夫（翻訳）、三村 將（翻訳）、村井 俊哉（翻訳）『DSM-5 精神疾患の診断・統計マニュアル 大型本』日本精神神経学会（監修） 二〇一四年六月三〇日発行

【参考】

〈参考ウェブサイトリスト〉

「ジョン・マネー」『はてなキーワード』http://d.hatena.ne.jp/keyword/ジョン・マネー 閲覧日：二

〇一六年一月三十一日
「職場でのジェンダー差別、５つのケース」『lifehacker ライフハッカー』 http://www.lifehacker.jp/2015/03/150310gender.html 二〇一五年三月十日 十九時
愛知人権ファンクション委員会『～名古屋弁による男女共同参画啓発創作劇～モモタロー・ノー・リターン』 https://www.manabi.pref.aichi.jp/contents/10032951/0/ 閲覧日：二〇一六年一月三十日
松岡正剛「三橋順子／女装と日本人」『松岡正剛の千夜千冊』 http://1000ya.isis.ne.jp/1274.html 二〇〇八年十二月十二日
杏野丈「「ＤＳＭ－５：遅発型ＦｔＭのほとんどは男性好き」の考察」『Anno Job Log』二〇一三年六月十七日

〈参考ＰＤＦデータ〉

鹿間久美子「L.A.カーケンダールの性教育思想の研究」『現代社会文化研究』Ｎ〇・三十四 二〇〇五年十二月

〈参考文献リスト〉

橋本秀雄『男でも女でもない性・完全版　インターセックス（半陰陽）を生きる』二〇〇四年一月七日発行

針間克己「「性同一性障害」と「性別違和」」『心と社会』四十六巻一号　日本精神衛生会　平成二十七年三月十六日発行
『こころの臨床』十九巻二号　NO・七十六　星和書店　二〇〇〇年六月二十五日発行

2010年 文京学院大学大学院 人間学研究科修士課程 修了。
文京学院大学大学院 人間学研究科 最優秀論文賞受賞。
現在 医療専門職。

〈クラウドファンディングサポーター一覧（敬称略）〉

野村 奈津子	山中 みさと	畑　広実
舟川　りほ	呉崎　あかね	高山　玲音
K.masamix as the SHYNAMITES		諏訪崎 龍
高野　美和子	Vesper Hill	S
津田　真	蒼葉 悠	石黒　靖博
月嶋　紫乃	遠藤　綾夏	彦素　馨雨
マツモト　チカラ		

佐々木 掌子（ささき・しょうこ）

2005 年 臨床心理士取得。
2010 年 博士号（教育学・慶應義塾大学）取得。
2002 年より 性同一性障害の臨床に関わり始める。
2011 年 4 月～ 2012 年 7 月 トロント大学附属中毒および精神保健センターに留学し、小児・青年の性同一性障害の研究と臨床を学ぶ。
2013 年より 立教女学院短期大学現代コミュニケーション学科専任講師。
主婦会館クリニックおよび慶應義塾大学病院でカウンセリングを担当。
ＧＩＤ学会理事。
World Professional Association for Transgender Health (WPATH) 会員。

戸口太功耶（とぐち・たくや）

2011 年 淑徳大学総合福祉学部実践心理学科 卒業。
2013 年 鳴門教育大学大学院学校教育研究科人間教育専攻臨床心理士養成コース修了。
兵庫教育大学大学院連合学校教育学研究科学校教育実践学専攻学校教育臨床連合講座在学。
ＳＡＧ徳島 運営委員。
関西レインボーパレード 2012 実行委員。
関西レインボーパレード 2013 実行委員。
関西レインボーパレード 2014 実行委員。
関西クィア映画祭 2014 実行委員。
セクシュアル・マイノリティについて学ぶ会 世話人。

ＳＰＦデール（Sonja Pei-fen Dale）

2009 年に来日。
ウォリック大学（イギリス）で学位、オーフース大学（デンマーク）で修士号取得。
2014 年 上智大学から博士号を取得。
博士論文は、社会学という分野において聞き取り調査に基づいてＸジェンダー・アイデンティティの考察である。
現在 一橋大学社会学科特任講師。

五十嵐三恵子（いからし・さえこ）

埼玉県出身。
2008 年 文京学院大学 人間学部 心理学科 卒業。

〈編著者略歴〉

Label X（ラベル・エックス）

Xジェンダー当事者自助サークル「label X（ラベル・エックス）」

2013年4月設立。インターネットを中心に会員限定ＳＮＳコミュニティで当事者交流を図り、主に都内で年1回の講演会なども開催。

2016年4月からスカイプなどによる完全予約制の傾聴サービス「性別違和の相談室」を1年間限定で試験的に開設中。

会員数65名（2016年4月現在）

詳細は、ウェブサイトおよびブログ・ツイッターなどで随時案内中。
公式ウェブサイト http://ftxmtx-x-gender.com
ブログ http://ameblo.jp/x-gender-ftx-mtx/
ツイッター https://twitter.com/#!/Label_X
メール info@ftxmtx-x-gender.com
本書について、その他、Xジェンダーの活動についてのお問い合わせはメールにて。

〈執筆者略歴〉

水野瑛太（みずの・えいた）

大阪市出身。

2013年4月 Xジェンダー当事者自助団体「label X（ラベル・エックス）」をXジェンダー当事者の友人2名（代表・副代表）とともに設立。

2014年4月 代表・副代表の辞任にともない、団体の運営を引き継ぐ。

以後、ally（アライ）として団体を主宰しながら、Xジェンダーのサポートに従事。

本業は印刷物とウェブ系制作会社の代表取締役。

Xジェンダー非当事者。

針間克己（はりま・かつき）

1990年、東京大学医学部医学科卒業。

日本性科学会幹事長。

ＧＩＤ学会理事。

日本精神神経学会「性同一性障害に関する委員会」委員。

World Professional Association for Transgender Health（WPATH）会員。

はりまメンタルクリニック院長。

X《エックス》ジェンダーって何《なに》？
――日本における多様な性のあり方

2016年10月20日　初版第1刷発行　定価2000円＋税
2017年　4月30日　初版第2刷発行
2019年　5月20日　初版第3刷発行

編著者　Label X©
発行者　高須次郎
発行所　緑風出版
〒113-0033　東京都文京区本郷2-17-5　ツイン壱岐坂
〔電話〕03-3812-9420　〔FAX〕03-3812-7262　〔郵便振替〕00100-9-30776
〔E-mail〕info@ryokufu.com
〔URL〕http://www.ryokufu.com/

装　幀　斎藤あかね　カバーモデル　珀
制　作　R 企 画　印　刷　中央精版印刷・巣鴨美術印刷
製　本　中央精版印刷　用　紙　大宝紙業・中央精版印刷　E1500

　ISBN978-4-8461-1615-6　C0036